家庭教育

JIATING JIAOYU

高中一年级

总 主 编——朱永新
本书主编——王文蓉 翟 博

漓江出版社
·桂 林·

图书在版编目（CIP）数据

家庭教育. 高中一年级 / 朱永新总主编 ; 王文蓉，翟博主编. -- 桂林 : 漓江出版社，2023. 8
ISBN 978-7-5407-9123-0

I. ①家… II. ①朱… ②王… ③翟… III. ①高中生—家庭教育 IV. ①G78

中国版本图书馆 CIP 数据核字（2021）第 138868 号

家庭教育　高中一年级
JIATING JIAOYU GAOZHONG YINIANJI

总 主 编　朱永新
本书主编　王文蓉　翟　博

出 版 人　刘迪才
选题统筹　李　弘
责任编辑　谢佩珍
装帧设计　黄　洁
责任监印　杨　东

出版发行　漓江出版社有限公司
社　　址　广西桂林市南环路22号
邮　　编　541002
发行电话　0771-5825315
邮购热线　0771-5825315
网　　址　www.lijiangbooks.com
微信公众号　lijiangpress

印　　制　广西民族印刷包装集团有限公司
开　　本　787 mm × 1092 mm　1/16
印　　张　12.25
字　　数　194千字
版　　次　2023年8月第1版
印　　次　2023年8月第1次印刷
书　　号　ISBN 978-7-5407-9123-0
定　　价　32.00元

丛书编委会

总主编　朱永新　国家全民阅读形象代言人。全球最大教育奖项“一丹教育发展奖”得主，国际“爱阅人物奖”得主，“中国阅读三十人论坛”成员，新教育实验发起人，新阅读研究所创办人。出版《未来学校》《致教师》等专著数十部，作品版权输出美国、法国、德国、日本等，被译为31种语言。被评为“中国十大教育英才”、中国教育60年60人、“为了公共利益”年度人物、“2020年度全国政协委员优秀履职奖”等。

执行主编、小学学段主编　童喜喜　儿童文学作家，教育学者，说写课程创始人。中国十大作家奥运火炬手，全国推动读书十大人物，教育部“全民阅读标准建设工程”咨询专家，美国哈佛中国教育论坛第一位儿童文学作家，“中国阅读三十人论坛”成员兼秘书长。作品输出海外，被译为3种语言。

学前、幼儿学段主编　文萍　广西幼儿师范高等专科学校校长，广西教育学会副会长，教育部职业院校教学指导委员会中小学教育专门委员会副主任委员。

学前、幼儿学段主编　杨咏梅　中国教育报家庭教育周刊原主编，第二届中国家庭教育“十佳”公益人物，中国家庭教育学会宣传教育专业委员会副理事长，中国教育学会家庭教育专业委员会常务理事。

小学学段主编　李福灼　南宁师范大学教师教育学院院长。教育部国培计划专家库专家，教育部中小学校长国家级培训专家库专家，教育部-联合国儿童基金会“社会情感学习（SEL）”项目国家级专家。

初中学段主编　石鹏　广西南宁市第十四中学校长，“全国家庭教育创新实践基地”学校带头人，曾获“全国模范教师”“全国优秀教师”“特级教师”“广西基础教育名校长”等荣誉称号。

初中学段主编　殷飞　南京师范大学心理学院副教授，南京师范大学家庭教育研究院副院长，江苏省家庭教育研究会副会长，中国家庭教育学会常务理事。

高中学段主编　王文蓉　南宁师范大学教师教育学院副院长，硕士生导师。教育部全国中小学幼儿园教师培训专家工作组专家，教育部国培计划专家库专家，教育部校长国培计划专家库专家，教育部-联合国儿童基金会“社会情感学习（SEL）”项目国家级专家。广西家庭教育研究会副会长，广西教育学会家庭教育专委会理事长。

高中学段主编　翟博　中国教育报刊社原党委书记、社长。在理论研究、教育研究、新闻和文学写作等多方面取得丰硕成果。

本书编委会

总 主 编： 朱永新

本书主编： 王文蓉　翟　博

副 主 编： 何海夷　苏　娟

本书作者： 何海夷　苏　娟　吴训慈
林洁菁　孙　伟　覃丽兰
覃白妮　莫英强　张琳娜
陈　桂　罗海婵

总 序

家庭是教育的起点

朱永新

我们培育的孩子，是中国美好的明天，是我们共同的未来。每个大人都希望孩子有出息，希望今天的孩子是明天的人才。

但是，无论父母还是老师，我们很多大人在面对孩子的许多问题时，经常力不从心，不知所措。遇到困难的大人们，无论是渴望家庭教育方法的父母长辈，还是希望引导父母做好家庭教育的一线教师，不仅需要倾诉和聆听，更需要得到指导和帮助。这一套为家长量身打造的“家庭教育”丛书，正是为此应运而生。

为了让这套“家庭教育”丛书能够得到更好运用，在编写过程中，我们对各个环节进行了精心的设计。

我们针对0～3岁、幼儿园、小学、初中、高中五个阶段，分别邀请专家学者进行主编:《中国教育报·家庭教育周刊》主编杨咏梅和广西幼儿师范高等专科学校校长、教育学博士文萍主编0～3岁阶段和幼儿园阶段的内容，新教育萤火虫亲子共读公益项目创始人、原新家庭教育研究院理事长、著名儿童文学作家童喜喜和南宁师范大学教师教育学院院长、教授李福灼主编小学阶段的内容，南京师范大学教授、新家庭教育研究院副院长殷飞和南宁市第十四中学校长、正高级教师石鹏主编初中阶段的内容，中国教育学会家庭教育专业委员会常务副理事长、中国教育报刊社原党委书记兼社长翟博和南宁师范大学教师教育学院副院长、广西家庭教育研究会副会长王文蓉主编高中阶段的内容。

这五个阶段的主编，都是活跃在一线的优秀专家，在学术研究上各有造诣，都是家庭教育工作的资深学者，常年奔走在全国各地，对家庭教育的一线情况如数家珍，不仅有着广泛的影响力，更对不同地区的家庭教育特点有着全面把握，让这套丛书的内容能够更好地覆盖不同群体。

我们反复研讨，提出了诸多具体细致的编写要求。比如写作中，围绕相同问题，需要归纳不同背景、不同环境下容易出现的不同类型的状况或做法，分门别类地进行指导，从而让读者在阅读中更容易发现自己的问题和不足，选择方法时更有针对性等。

我们组建了由在中小学、幼儿园工作的优秀教师和全国各地的“新教育种子计划”公益项目的榜样教师组成的作者团队。这些作者本身就活跃在家庭教育的一线，他们每个人都在为丛书添砖加瓦，使得这套丛书更接地气，进一步提高其实用性。

我们以“过一种幸福完整的教育生活”作为宗旨，在内容中贯彻诸多家庭教育的根本理念，如“教育，从家庭开始”“幸福比成功更重要，成人比成才更重要”“阅读和家庭，是教育的两大基石”“母亲是女人最神圣的天职”“父亲是男人最重要的工作”“与孩子一起成长”“教育需要智慧爱”等。

我们反复推敲丛书的体例，形成了一个严密而高效的结构——

导语，对单元目标进行提纲挈领的把握。

案例分析，以当下事件为切入点，提炼重大问题，有的放矢。

了解孩子，明确不同年龄段孩子的主要特点，增进多方了解。

实施指南，以简明扼要的语言提供具体方法。

延伸拓展，围绕相关主题，推荐更多图书、影视或亲子活动，便于按图索骥，亲子共读、共赏、共乐。

评估改进，以现实生活中易犯的错误，结合章节的主题，编写测试题，供读者自测、自评，拟订行动计划。

鲜活的案例、务实的分析、高效的方法、贴心的测评，我们相信，这套丛书能够成为家庭教育的高参，成为家校共育的锦囊。

其实，在收到主编这套“家庭教育”丛书的邀请之时，我犹豫了很久。一是因为本职工作已经非常忙碌，主编一套丛书需要不少时间；二是因为早在几年前，我已经组织编写过一套同类题材的图书。最终，考虑到漓江出版社当时是应教育部门的委托前来邀请，考虑到有了此前的经验能够弥补一些不足，可以进一步提高家庭教育的有效性，我还是答应下来。

我知道，理念转化为图书容易，方法转化为行动艰难，所以我们从不同层面，推动着行动。

我把主编这套丛书的稿费 100% 捐赠给江苏昌明教育基金会，用于开展更多家庭教育研究和实践。

这套丛书的主编团队、作者团队，不仅会完成这套丛书的编写，还会在更多家庭教育的活动中，身体力行地帮助家长、教师、社会工作者运用这些知识。

在漓江出版社的支持下，由“家庭教育”丛书的编写委员会执行主编、小学阶段主编童喜喜以中国儿童文化艺术基金会“新孩子”专项基金和新教育新阅读研究所统筹组建的公益团队，已经在为城市、乡村等不同处境的父母群体细化研发更有针对性的课程，密切关注留守儿童成长问题、隔代教育问题等，并借助网络的便利，以公益的方式，将以“新父母双师网校”为载体，以“新教育种子计划”、“新教育萤火虫亲子共读”等公益项目联合开展家校共育，为父母、老师提供更多跟进指导。

这套丛书的内容得到了许多学校的认可。如今越来越多的学校教育工作者发现：家庭教育做好了，学校教育的地基就坚实了。所以，我们也和漓江出版社多次沟通，根据学校的特点和要求进行相应调整，专门推出了适合学校工作的版本，便于学校组织开展家庭教育工作。

陶行知先生说过：“生活即教育。”家庭教育正应该成为这样的生活。教育应以万千家庭的生机盎然，组成新时代的蓬勃原野。

感谢漓江出版社的信任，感谢参与编写和创作的全体专家、老师认真勤奋、卓有成效的工作。错漏之处，敬请读者们多多指正。

家庭是教育的起点。起点稳了，方向对了，基础就牢了，孩子就好了，家庭就和谐了，教育就完整了，人生就幸福了。让我们一起努力，用好教育建设我们的好家庭！

2022 年 8 月 13 日写于高铁途中

目 录

高中一年级下册

导语 了解高一的孩子

高一的孩子正处于人生的转折点，身体和心理发育逐渐成熟，与以往有了截然不同的变化。

1. 高一孩子的身体发育

青春期是指由儿童阶段发展为成人阶段的过渡时期（一般指女孩 10 ～ 18 岁，男孩 12 ～ 20 岁），是个体身心发展的重要时期。这个时期的孩子迎来了身高增长的第二个高峰。据统计，孩子在青春期前平均每年长高 3 ～ 5 厘米，青春期时每年可以长高 6 ～ 8 厘米，甚至达到 10 ～ 11 厘米，但不同个体的身高生长存在明显的差异。

孩子的身高生长差异，不仅受遗传因素影响，还存在性别差异、区域差异等。根据《中国居民营养与慢性病状况报告（2020 年）》统计，我国 18 ～ 44 岁的男性和女性平均身高分别为 169.7 厘米和 158.0 厘米，与 2015 年发布结果相比分别增加 1.2 厘米和 0.8 厘米；6 ～ 17 岁的男孩和女孩各年龄组身高平均分别增加 1.6 厘米和 1.0 厘米。我们可以参照 2005 年全国九省（区、市）儿童体格发育调查数据，大致了解自己孩子的身高和体重在同龄段中的情况。（见表 1 ～ 2）

表 1　1 ～ 18 岁男孩身高、体重表

年龄	身高（厘米）				体重（公斤）			
	矮小	偏矮	标准	超高	偏瘦	标准	超重	肥胖
1 岁	71.2	73.8	76.5	79.3	9.00	10.05	11.23	12.54

续表

年龄	身高（厘米）				体重（公斤）			
	矮小	偏矮	标准	超高	偏瘦	标准	超重	肥胖
2 岁	81.6	85.1	88.5	92.1	11.24	12.54	14.01	15.67
3 岁	89.3	93.0	96.8	100.7	13.13	14.65	16.39	18.37
4 岁	96.3	100.2	104.1	108.2	14.88	16.64	18.67	21.01
5 岁	102.8	107.0	111.3	115.7	16.87	18.98	21.46	24.38
6 岁	108.6	113.1	117.7	122.4	18.71	21.26	24.32	28.03
7 岁	114.0	119.0	124.0	129.1	20.83	24.06	28.05	33.08
8 岁	119.3	124.6	130.0	135.5	23.23	27.33	32.57	39.41
9 岁	123.9	129.6	135.4	141.2	25.50	30.46	36.92	45.52
10 岁	127.9	134.0	140.2	146.4	27.93	33.74	41.31	51.38
11 岁	132.1	138.7	145.3	152.1	30.95	37.69	46.33	57.58
12 岁	137.2	144.6	151.9	159.4	34.67	42.49	52.31	64.68
13 岁	144.0	151.8	159.5	167.3	39.22	48.08	59.04	72.60
14 岁	151.5	158.7	165.9	173.1	44.08	53.37	64.84	79.07
15 岁	156.7	163.3	169.8	176.3	48.00	57.08	68.35	82.45
16 岁	159.1	165.4	171.6	177.8	50.62	59.35	70.20	83.85
17 岁	160.1	166.3	172.3	178.4	52.20	60.68	71.20	84.45
18 岁	160.5	166.6	172.7	178.7	53.08	61.40	71.73	84.72

表 2　1 ～ 18 岁女孩身高、体重表

年龄	身高（厘米）				体重（公斤）			
	矮小	偏矮	标准	超高	偏瘦	标准	超重	肥胖
1 岁	69.7	72.3	75	77.7	8.45	9.4	10.48	11.73
2 岁	80.5	83.8	87.2	90.7	10.70	11.92	13.31	14.92
3 岁	88.2	91.8	95.6	99.4	12.65	14.13	15.83	17.81
4 岁	95.4	99.2	103.1	107.0	14.44	16.17	18.19	20.54
5 岁	101.8	106.0	110.2	114.5	16.20	18.26	20.66	23.50

续表

年龄	身高（厘米）				体重（公斤）			
	矮小	偏矮	标准	超高	偏瘦	标准	超重	肥胖
6 岁	107.6	112.0	116.6	121.2	17.94	20.37	23.27	26.74
7 岁	112.7	117.6	122.5	127.6	19.74	22.64	26.16	30.45
8 岁	117.9	123.1	128.5	133.9	21.75	25.25	29.56	34.94
9 岁	122.6	128.3	134.1	139.9	23.96	28.19	33.51	40.32
10 岁	127.6	133.8	140.1	146.4	26.60	31.76	38.41	47.15
11 岁	133.4	140.0	146.6	153.3	29.99	36.10	44.09	54.78
12 岁	139.5	145.9	152.4	158.8	34.04	40.77	49.54	61.22
13 岁	144.2	150.3	156.3	162.3	37.94	44.79	53.55	64.99
14 岁	147.2	152.9	158.6	164.3	41.18	47.83	56.16	66.77
15 岁	148.8	154.3	159.8	165.3	43.42	49.82	57.72	67.61
16 岁	149.2	154.7	160.1	165.5	44.56	50.81	58.45	67.93
17 岁	149.5	154.9	160.3	165.7	45.01	51.20	58.73	68.04
18 岁	149.8	155.2	160.6	165.9	45.26	51.41	58.88	68.10

孩子能否在高中阶段再长高一些呢？研究表明，孩子身高的决定因素中有 70% 来自遗传（包括世代遗传和隔代遗传），而 30% 则是由营养、睡眠和运动等后天因素决定。很多身高成功“逆袭”的孩子，就是抓住了这相当重要的后天因素。

抓住后天因素对高一孩子的身高增长极为关键。首先，要督促孩子注意平衡膳食，保持足够的营养摄入。营养包括蛋白质、脂肪、碳水化合物、维生素（如维生素 A、C、D）、各种矿物质（如钙、铁、锌）等，营养缺乏或营养过剩都不利于孩子的生长。其次，要提醒孩子保证睡眠的时间和质量，遵守学校宿舍管理规章制度，按时作息，确保在生长激素分泌最旺盛的时间（22 点到次日 2 点）进入深度睡眠。另外，还要鼓励孩子适当运动，尽可能保证每周 3 次、每次 1 小时左右的体育锻炼。

举个例子，男生肖军在读初中时几乎都是坐在教室的第一排，还被同学们起了绰号叫“$\sqrt{2}$”，因为那时他的身高是 140 厘米（$\sqrt{2}\approx1.414$），身高的问题一直困扰着他。但是到高中毕业时，肖军的身高竟已接近 180 厘米，这让他以前的同学刮目相看，甚至连他自己也不敢相信。像肖军这样身高增长“后发制人”的孩子，就是抓住了青春期身高生长的尾巴。

需要注意的是，市面上不少增高保健品含有性激素和其他不明成分，有些保健品可能会在短期内达到促进身高增长的目的，但长期服用则有可能存在加速骨龄老化的风险。目前，不仅没有权威研究能够证实激素对身高增长有帮助，激素的滥用反而容易加速骨骺线闭合，导致身体过早停止发育。为了追求短期效果而透支了身体，实在得不偿失。

除了身高和体重有明显变化，孩子的胸围在高中时期也同样进入了快速发育期。在一生中，高中阶段的男生身高增长约占其身高增长总量的 13.9%，体重增加约占其体重增加总量的 22.8%，胸围增长约占胸围增长总量的 26%；女生身高增长约占其身高增长总量的 6.7%，体重增加约占其体重增加总量的 14.2%，胸围增长约占胸围增长总量的 14%。

高中孩子的身体机能已经接近成人，心血管系统、呼吸系统、神经系统、生殖系统等逐渐发育健全。第二性征也出现了明显的变化：男孩音调低沉浑厚，胡须日渐粗黑浓密，喉结明显，睾丸、阴茎增大，性腺发育成熟；女孩音调变高，乳房隆起，皮下脂肪增厚，骨盆横径发育，呈现出女性特有的丰满。这个时期的孩子肌肉和脂肪组织的增长水平较其他时期也有较大差异。人从新生到成年的肌肉增长情况见表 3。

表 3　人的肌肉增长情况

年龄	新生儿	8 岁	12 岁	15 岁	18 岁	成年
肌肉占体重的百分比（%）	25.0	27.2	29.4	32.6	44.2	44 ～ 45

可见，孩子在高中阶段时，肌肉变得坚实有力，占体重的比例较大。我们要重视孩子的身体锻炼，使孩子的肌肉组织和运动系统发育得更完善。进入青春期，男生的肌肉组织发育无论在增长量、增长幅度、增长速度、增长潜力以及占总体重的比例都比女生占优势，而脂肪的积累却与此相反。到了高中，男生的皮下脂肪发育开始减少甚至停滞，女生的皮下脂肪厚度则可增长至同龄男生的 2 倍，这也成为区分男女体态的重要特征。高中男孩要加强体育锻炼，避免肌肉力量过弱而形成“电线杆”型体态；高中女孩则应避免因积累过多的皮下脂肪而导致的肥

胖，注重身体锻炼，使体态更为优美。

2. 高一孩子的心理特征

高一孩子的身形外貌看似与成人相差无几，但心理还不够成熟，心理发展水平处于幼稚向成熟发展的过渡期。而这个时期的孩子，性格也最容易发生改变。性格是人对客观现实稳定的态度，以及与之相适应的习惯化行为方式的总和，是个性中最重要、最核心的组成部分。孩子的性格发展过程有两个相对骤变期——小学六年级前后和高一年级前后，恰好都发生在学段的过渡衔接时期，同时也是从一个年龄阶段转入另一个年龄阶段的时期（第一个骤变期发生在儿童时期转入少年时期，第二个骤变期发生在少年时期转入青年初期）。这些转变都会促使孩子的性格产生改变。高一孩子的心理特征主要表现在以下三个方面。

（1）不成熟性

高一孩子的心理成熟度普遍不及生理成熟度高，对行为方面的控制表现出情感调节相对幼稚的一面。他们的心理不成熟性表现在反抗性与依赖性共存、开放性与闭锁性共存、勇敢与怯懦共存、高傲与自卑共存、否定童年与眷念童年共存等方面；而生理的成熟让孩子迫切想主宰自己的行为，他们有强烈的自我意识，想要表达自我，向往不受管束的生活，希望自己的隐私不被侵犯等——这是自我意识高涨的表现。当家长仍把他们当作小孩子看待，且不能给予他们尊重和理解时，就有可能会激发亲子矛盾。

高一孩子的性格和行为方式由外露逐渐转向内隐。他们的抽象逻辑思维能力进一步提高，自我探索和分析的能力增强，对事物的看法更为独立，行事更为谨慎沉稳；他们的情绪比初中时更为平和，急躁和鲁莽有所收敛，自我控制情绪的能力加强。如果感到父母不能理解他们，甚至干涉他们对世界的探索方式，他们性格和行为方式的内隐则会表现得更加明显，容易沉浸在自己的世界里，对家长闭锁疏远，但会对关系亲密的同学和朋友敞开心扉。

（2）不稳定性

高一孩子的心理不稳定性表现在很多方面。他们的思维敏捷，跳跃性大，思考方式容易出现片面和偏激；意志品质在发展，但容易执拗、蛮干、冒险，遇到困难也容易退缩；个性热情奔放，也容易冲动，有极大的波动性；对自我、他人和社会容易感到困惑和纠结，普遍对家长和老师的要求产生逆反心理。另外，生理的剧烈变化会带来“青春期骚动”，出现强烈的情绪反应和“性困扰”。我们常会发现，以前百依百顺的孩子，上高中后变得越来越难沟通，常常跟家长对着干。

心理的不稳定性还会影响孩子适应学校的生活。一方面，孩子对高中生活环境陌生，对高中管理制度和住宿生活不适应。很多孩子是第一次住校，需要适应集体生活，需要调节宿舍矛盾，这些都考验着孩子的适应能力和人际关系处理能力。另一方面，孩子对高中的学习节奏不适应。高中阶段是学习压力最大的阶段之一，高考综合改革对孩子的学科选择和生涯方向都有一定的影响。孩子要在短时间内做出生涯规划，需要尽快适应高中生活。

（3）自主性

高一的孩子正处在心理上脱离父母的时期。他们自我意识迅速高涨，独立思考和处理问题的能力迅速增加；开始尝试脱离父母的束缚，较以往有了更强的自信心和自尊心；对身边的事和一些社会现象都能发表自己的主见，逐渐具备独立的个性。当今网络发达，孩子们已经能通过各种途径去追求真相，而不满足于从父母、教师口中得出的意见和结论，这体现了他们不盲从、思想独立的良好品质。

作为家长，我们应该怎样帮助孩子平稳地度过高一阶段呢？

①主动关心，走进孩子内心世界。高一是整个高中阶段的开始，我们要多关心孩子的学习生活，真正走进孩子内心。

②查缺补漏，培养孩子良好的学习习惯。高中阶段的学习如逆水行舟，不进则退。我们要教育孩子学习要有目标，方法要科学。注意知识前后的联系，形成良好的学习习惯。要提醒孩子做好功课的预习和复习，持续给孩子鼓劲。

③支持帮助，促进孩子身心健康。对孩子来说，崭新的高一生活意味着适应，适应新的学校、新的老师、新的宿舍、新的学风和班风。紧张的高中生活也许会带来适应的阵痛，但这是孩子成长的必经阶段。而我们要做的，就是伸出双手，默默地给孩子支持和帮助，使孩子尽快适应新环境。

高中一年级上册

第一专题 如何帮助孩子树立正确的三观

你遇到过这样的情况吗？当你问孩子“长大后想干什么，有什么理想吗”，他（她）总会回答“我也不知道”或者“问这些干吗”，或不以为意，或随波逐流，很少有自己长期坚持的、目标明确的志向。

这就要求我们帮助孩子树立正确的三观、寻找人生发展的方向了。

什么是“三观”？人的三观是指世界观、人生观和价值观，起着人生“总开关”的作用。因此，要让孩子成人成才，必须要让孩子深刻认识何为三观、为何要树立三观，以及如何形成正确的三观。

专题目标

1. 明确三观的内容，以及三观对孩子成人成才的影响。
2. 和孩子一起践行社会主义核心价值观，并起到榜样作用。
3. 及时发现孩子成长过程中出现的问题，引导和帮助孩子树立正确的三观。

帮助孩子树立正确的世界观

世界观是人们对世界的认识和根本观点。人们的社会地位不同、观察事物的角度和考虑问题的出发点不同，因此形成了不同的世界观。青少年对世界和自我的认知不足，不善于辨别是非对错，因此在高中阶段培养孩子正确的世界观十分必要。

案例分析

案例一　多元化社会下的偶像崇拜

高中生晓宇在迷上科幻小说《三体》后，连带着也迷上了物理学和天文学。他利用课余时间搜集资料，如饥似渴地补充相关知识。他卧室的墙上还挂上了一幅爱因斯坦在威尔逊山天文台访问时的照片。“哈勃的天文观测和爱因斯坦的理论都显示，宇宙一定是在扩张的。”晓宇立志要好好学习，将来考取天体物理学专业。他相信未来人类探索未知世界的那座天梯上，一定会留下自己的脚印。

偶像崇拜是在青少年孩子中普遍存在的现象。中央团校教授吴庆指出，新时代青年的偶像观呈现出价值多样和内涵提升的双重趋势。

高中阶段是孩子世界观形成的关键时期，选择何种精神寄托至关重要。人们常说“偶像的力量是无穷的”，确实如此，我们可以从优质偶像的言行中汲取精神营养，陶冶道德情操。偶像的更迭，映射着时代的变迁，年青一代是国家变革的直接感知者。年轻人选择并崇拜偶像，用偶像的精神力量为自己的成长提供丰厚的滋养。从革命烈士到科学家，再到娱乐明星……在思想观念多元的年青一代身上，崇拜谁已再难有统一的答案。

当代青少年在和平年代成长，国家强盛让孩子们拥有了更优渥的生活环境和更好的追逐偶像的机会，孩子们在偶像的身上寄托了自己对人生的梦想和对完美人格的欣赏与向往。但如果择“偶”不慎，孩子们就容易被迷惑心智，产生认知偏差，因盲目疯狂追星而产生偏激行为。所以，我们要引导孩子多思考，是选择为国家为民族做出突出贡献的英雄模范作为偶像，还是选择被过度捧红的流量明星作为偶像。

案例二 校园竞争下的抵触情绪

园园的学习成绩不太好，她常常觉得班上同学瞧不起自己。在园园的眼里，学校不是学习知识、发展能力的成长园地，而是让她痛苦、压抑的地方。她在社交平台上发表了一篇文章，大意是每天面对着同样的同学和老师，做着同样的事情，让她觉得很不快乐。她感到周而复始的生活如一潭死水，没有任何激情。“不管怎么努力学习，都没有半点进步”“妈妈总是唠叨个没完”“想离开学校，一个人在街上随便走走”“最近疯狂地爱上漫画，想从那里面找到一些纯粹、简单的东西”……园园的脑子里常常出现类似的想法。

高中学科知识难度加深，竞争压力增大，孩子们的心理负担也越来越重。他们害怕自己落后，担心辜负了老师和家长的期望。部分孩子的学习成绩不断下滑，多次努力仍没有起色，渐渐丧失了自信心和积极性，开始随意应付甚至逃避竞争。部分家长的教育也存在不当之处，比如过度重视孩子的成绩，有可能会导致孩子产生对学习的歪曲认知，进而滋生叛逆心理，出现厌学、逃学等现象。尤其到了考试前夕，对成绩的焦虑更容易刺激孩子发生异常行为。

学校是育人成长的地方，孩子在学校里最大的意义是自我发现、自我成长。同龄人的陪伴是孩子成长的养分，是学校生活的核心内容之一。孩子只有融入集体，才能在与老师和同学的相处中锻炼自己，不断进步成长，逐渐实现人生价值和理想抱负。

案例三 父母离异后的认知迷茫

舟舟从进入高中第一天起就不太合群。他对学习和生活都没有热情，眼里缺少青少年特有的光彩。他消极悲观，遇事第一反应就是否定和排斥，觉得班级不够团结、老师的学识不够渊博、同学不够认真、自己也不够好，但他在否定和排斥的同时又不愿意通过自己的努力去改变现状。大家对社会事件发表看法时，他毫无兴趣；大家期待某次班级活动时，他也不为所动。

舟舟是在离异家庭长大的孩子，父母分开后又各自组建了新的家庭。在相当长的时间里，舟舟无论在心理上还是行为上都不能接受这个事实。家庭教育功能缺失、父母监督不力，导致舟舟在行为上出现了异样。家庭的变故使他发生了心理变化，表现为性格孤僻，对生活缺乏信心和希望。

家庭环境和教育对孩子世界观的建立影响深远，对孩子的性格养成和心理成长方面起到十分重要的作用。而离异的家长更要注意用心帮助孩子树立正确的世界观。

研究发现，在离异家庭中，因父母离婚而对孩子造成负面影响的情况不在少数。高中阶段孩子的思想和心理成长仍未稳定，经历家庭变故后有可能会导致他们对生活感到无望，觉得未来遥遥无期。为有效帮助孩子健康地度过这一时期，离异的父母可以为孩子做到以下几个方面：

（1）给孩子归属感

孩子需要被倾听、被陪伴、被呵护。家长在探视孩子的问题上，可以商量好具体的时间。父母中的任何一方都要和对方保持联系，尽己所能地给孩子归属感和安全感。

（2）不要停止对孩子的爱

尽可能地满足孩子成长过程中的合理需求，如上什么样的学校、去哪里玩、学什么才艺等，这是保持孩子健康成长的重要环节。得到关爱的孩子会感觉到，即使父母今后不在同一个家庭里生活，对自己的爱也不会减弱。

（3）向前看，为新生活而努力

父母是孩子最好的榜样。即使在生活困难时，我们也要让孩子看到自己在努力，在努力中争取幸福。同时要让孩子认识到，即使父母不再在一起生活，自己也要克服困难，对未来的生活充满希望。

了解孩子

高中阶段孩子的年龄一般为 15 ～ 19 岁，这个年龄段的孩子正处于思想的高速发展期。在这个阶段，影响孩子世界观的形成因素是多方面的，既有家庭和学校的影响，也有社会的影响。

首先，父母对社会的看法对孩子世界观的形成有密切关系。家庭是孩子最重要的生活场所，家长的思想道德修养水平会给子女提供直接的参照。

其次，孩子在高中的主要任务是学习，学校是他们学习和活动的主要场所。各学科实践活动、教师的引导方式、班风校风等方面对孩子的思想发展也会产生重要的影响。

再次，社会环境对孩子的影响也不可忽视。社会信息面广、信息量大，社会现象纷繁多样，对高中孩子世界观的形成和发展也起着重要作用。

高中阶段的孩子往往有较多自己的想法，对老师和父母的指导已不再只是会被动接受，而是会融入自己的思考，敢于否定与自己想法相悖的观点，敢于拒绝自己不愿意做的事。当自己的意见得不到表达或认同时，有的孩子就会认为自己得不到理解，这时如果老师和父母对孩子过度施压，他们就有可能会表现出逆反情绪。这就需要我们因势利导，注意家庭、学校和社会环境的统一，形成教育的合力，帮助孩子树立正确的世界观。

实施指南

正确世界观的树立对青少年尤为重要，我们要与孩子一起努力，帮助孩子树立正确的世界观。

1. 帮助孩子了解世界

（1）关心时事

我们自己首先要胸怀祖国，放眼世界，给孩子做示范。例如，鼓励孩子阅读《中国青年报》《人物周刊》《看天下》《特别关注》等报刊，了解国家时事；在和孩子聊天时，鼓励孩子发表自己对时政、经济、文化和社会生活等新闻的看法。

（2）培养阅读习惯

培养孩子养成阅读的习惯，给孩子推荐合适的经典作品。我们可以跟孩子一起阅读和探讨，让孩子能够通过经典著作更客观全面地了解这个世界。

（3）旅游

读万卷书，行万里路。闲暇之余，可以适当带孩子出去旅游。旅游能让孩子放松身心，开拓视野。孩子学习不同地方的地理、历史、人文等方面的知识，看待事物的角度将更为全面。

（4）利用多媒体

电视节目和互联网是人们了解世界的重要窗口。鼓励孩子多看《新闻联播》《焦点访谈》等新闻节目，多关注新华网、人民网等优秀网络平台，优质的新闻和时评对拓展孩子的思路很有帮助。

2. 走进孩子的内心世界

青春期的孩子心智尚未成熟，有时会自我矛盾。一方面，他们希望得到周围人的关注，把他们看作“大人”；另一方面，他们的思考往往较为片面，而且容易受到外界影响。我们要花时间多陪伴孩子，多跟孩子交流，走进他们的内心世界。

3. 培养孩子的爱国情感

要培养孩子的爱国意识，我们先要培养自己的爱国意识。可以带孩子去参加各种社会活动，以家庭旅游等方式带孩子见识祖国的大好河山；引导孩子多读历史书籍，收看相关的电视节目，使孩子对我国的历史人文发展脉络有一定的认知；与孩子多交流，分享各自的观点，在日常的言谈中传达正能量。另外，要多鼓励孩子参加爱国主义主题活动（如广场升国旗仪式、主题团日活动等），让爱国主义情怀深深扎根在孩子心中。在参加活动的过程中，我们要给予孩子一定的帮助和鼓励，事后及时与孩子交流分享心得。

培养孩子形成积极的人生观

人为什么要活着，活着有什么意义？自己究竟想成为怎样的人，应该如何有价值地度过一生？这些都是孩子们在形成人生观的过程中必须要解答的问题。

人生观是人们对人生目的及意义的整体看法和态度，是世界观在对待人生问题上的具体体现。人生观主要影响人们的思想道德观念，而思想道德观念又作用于人的行为，指导着人们的生活。

在面临矛盾和冲突时，正确的人生观能指导我们做出正确的行为。培养孩子树立正确的人生观，把握好生活的方向，才能让孩子的人生更加积极、更有意义。

案例分析

案例一 正确看待苦与乐，积极进取

小云在读小学和初中时成绩都还算优秀，可是进入了人才济济的高中后才发现自己真的太普通了。班上的同学，有的能说一口流利的英语，有的能快速做出各种竞赛题……小云感觉自己不仅没有特长，连成绩也只能在及格线徘徊。

面对一次次的考试失利，小云沉下心来，进行了认真的思考分析。他决定不再给自己太大的压力，每天按照适合自己的节奏制订学习计划。上午看例题讲解，下午做卷子，剩余时间就看看书拓展视野，有条不紊的计划使他渐渐打下了扎实的基本功。三年后，小云在高考中取得了令自己满意的成绩。他说，学习和探索的过程固然艰苦，但一切都值得。如今的小云真正明白了读书是为了成为更好的自己的道理。

高中阶段是孩子形成人生观的重要时期，孩子对苦与乐的认识主要来自父母、老师的教育。“不经一番寒彻骨，哪得梅花扑鼻香。”我们应该让孩子认识到，“苦”也是人生的一种历练，“苦”与“乐”既对立又统一，在一生中交替更迭。

高中的学习过程，也是孩子艰辛的探索过程，我们要教育孩子学会正视学习中遇到的困难与挫折，冷静客观地分析问题，迎难而上。孩子是国家的未来，是民族的希望。树立正确的苦乐观，培养积极进取的人生观，有利于孩子更好地实现人生价值，积极投身祖国的建设中。

案例二 贪图个人享乐，不思进取

小马是心无斗志、学无目标、考无动力的“三无”人员。他在家里“衣来伸手，饭来张口”；在学校经常不按时上下课，老师提出批评也拒不改正；抄袭别人的作业，甚至请人代写；在生活上追求品牌，喜欢攀比，花钱大手大脚，认为上一代的艰苦奋斗与自己这一代无关。

随着我国社会经济的不断发展，人们的生活水平得到提升，有物质追求无可非议。但是如果将这种合理追求演变成了享乐主义，将物质享受标榜为成功的标准，并以此作为人生目标，就很容易对人生产生迷惘，甚至导致人生观产生歪曲。

案例三　盲目崇拜金钱，缺乏远大理想抱负

16 岁的小花经常在短视频平台上发布原创小视频，积累了不少粉丝。很多粉丝夸小花漂亮，有当明星的潜质，她也深以为然，加上平时也不喜欢坐在教室里学习，她渐渐地开始不上学了。父母对她休学在家幻想当明星的事情非常头疼，怎么讲道理都不听。切得断网线，却切不断小花当明星的愿望。面对父母的反对，小花甚至还想四处借钱去参加明星培训班，她认为当明星可以赚大钱。

美国心理学家艾伦·卡纳认为，当今的孩子正在被社会物质化，有些孩子思考的不是如何成为一个对社会有用的人，而是以后如何获得更多名牌用品；和朋友们在一起时，在意的不是个人的道德品质，而是品牌衣服鞋帽等外在形象。

高中孩子出现拜金主义的现象和他们所处的环境和人际关系密不可分。我们要及时发现孩子拜金心理的端倪，主动与孩子沟通，让孩子了解其中的弊端，从而树立正确的人生观。

了解孩子

有的孩子对人生观的概念不清晰，有的孩子对自己的人生追求不明确，有的孩子甚至还不具备明辨是非的能力。刚上高中的孩子在这个阶段容易受到外界不同因素的干扰，影响正确人生观的形成。因此，培养孩子在高中阶段形成正确的人生观尤为重要。

那么，什么是正确的人生观呢？马克思认为，要做一个为共同目标劳动因而使自己变得高尚的人。高中孩子的思想具有独立性、不稳定性和多样性，对人生的思考也存在差异性和独特性，既有追求进步和独立的一面，也存在堪忧的问题。这些问题主要表现为以下几个方面：

1. 主观上要求开放独立，事实上情感脆弱

现在的孩子大多生活条件较好，没有经历过太大的挫折。这样的成长环境培养了他们独立开放的性格，但也为他们阻隔了外界的风雨。因此，他们的抗压能力也相对较弱，受挫时容易情绪失控。他们爱憎分明，情绪波动大，顺心时就会放肆张扬，遇到困难时也容易一蹶不振。他们经常凭感觉行事，理性思维能力不足，情绪管理能力相对欠缺，有时会因为别人的评价而生气，有时会产生强烈的好胜心和嫉妒心，在情绪不稳定时难以依靠自我排解来解决困扰。他们认为自己已经长大，要求别人以对待成人的方式来对待他们，尊重他们的独立性，要求周围人给予他们充分的自由。但同时，他们还没有实现经济上的独立，思想上也存在幼稚的一面，对生活中的重大事项尚不具备独立判断的能力。

2. 寻求思维独立，又缺乏人生经验

高一的孩子对事物充满好奇心和探索欲，独立思考的能力得到显著提升，热衷于追求特立独行。他们不再像小时候一样凡事听从父母和老师的意见，开始以批判的态度观察世界，把自己的认知作为衡量他人和事物的标准。然而，他们的想法更多的是基于本能的思考，缺乏社会实践经验，对事物的理解容易存在偏差，他们也很难意识到这一点，又不愿意接受反对的意见，容易产生偏执、逆反的心理。

3. 社会性的不断提高与以自我为中心并存

高一的孩子不仅关注周围的事物，也对社会事件表现出极大的兴趣和热情。在参与社会实践活动的过程中，他们逐渐加深对社会的了解，积累了丰富的生活知识。但孩子们大多在备受宠爱的家庭环境中长大，在为人处世方面有时难免会以自我为中心，较少考虑他人感受，容易产生自私偏激的行为。

总的来说，高一的孩子充满着矛盾和困惑，他们要求实现人格独立，却又往往受限于客观条件。主观和客观的矛盾、自我与他人的矛盾的交织，使他们的情绪常常带有不稳定性，需要家长和老师进行积极合理地引导。

实施指南

高一阶段的孩子不仅需要良好的家庭氛围，也需要更多的关注和关怀。我们要与孩子保持交流，跟孩子在观念上达成共识。那么，我们应该采取怎样的措施来帮助孩子树立正确的人生观呢？

1. 加强家风建设，营造良好家庭氛围

家长是孩子的第一任老师，是传承家风的主体。良好的家风是无声的教诲，良好的家庭环境是孩子身心健康成长的摇篮，家长的思维方式和言行举止都会影响孩子。

毛泽东同志对子女的教育十分严格，不让自己的孩子吃“中灶”，不许他们搞特殊化，还让他们参加劳动锻炼；周恩来同志提出了“十条家规”，要求家里的人“在任何场合都不要说出与总理的关系，不要炫耀自己”；陈云同志的夫人于若木一直坚持骑车去上班，没搭过一次在同单位上班的丈夫的公车……许多革命前辈深谙家风教育的作用，为后世教育子女做出了榜样。

2. 注重教子做人，言传身教讲求方法

家长对孩子的教育起着不可替代的作用，我们要通过言传身教让孩子知道人情冷暖，使孩子成长为有思想、有感情的人。高一的孩子已经具备了较成熟的行动能力，我们可以适当和孩子分享自己的工作经历和情绪感受，引导孩子承担家庭事务，培养孩子的责任感，有助于孩子形

成完善的人格。

3. 加强道德与法治教育，提高孩子的道德法律意识和自我保护能力

培养孩子的法治观念，遵守法律，明确行为规范。我们可以多和孩子讨论交流社会热点，以案例分析的方式让孩子理解违法行为带来的危害，以及面对违法犯罪行为应该如何自救等，提高孩子的道德和法律意识，加强孩子的自我保护能力。

和孩子一起践行社会主义核心价值观

价值观是人们认识事物、辨别是非的思维或价值取向。随着社会发展，人们的价值观也慢慢发生了变化。“青少年阶段是价值观形成阶段，是可塑性最强的时期。抓好了青少年思想道德教育，就抓住了未来、管住了长远。”[1] 少年兴则国家兴，少年强则国家强。国家的未来、民族的命运和青少年一代的茁壮成长休戚相关。高中生作为社会主义现代化建设的接班人，担负着实现中华民族伟大复兴中国梦的光荣使命。因此，对高中阶段的孩子进行价值观的引导和培育尤为重要。

① 刘顺厚:《新时代坚持社会主义核心价值体系方略研究》，人民出版社，2019，第205页。

案例分析

案例一 将社会主义核心价值观内化到自觉行动上

一段街头救助摔倒老人的暖心视频在网络上获得一致好评：看到一名老人在路上摔倒，身着校服的高中生小慧和一位热心市民立刻主动上前帮助，路人也纷纷过来帮忙。由于当时临近上课时间，老人被送上救护车后，小慧便赶紧回到学校，没有与同学和老师谈及此事。

回忆起当时的情景，小慧表示自己当时来不及细想，一心只想救人。赠人玫瑰，手留余香。小慧救助老人的视频经过网络传播得到了大量点赞。“我觉得助人为乐是很正常的事情，平时父母和老师也都是这样教育我们的。作为新时代青少年，这是我们应有的责任和担当，这个社会是充满关爱的。”面对赞誉，小慧谦虚地说道。

在路上见到有人跌倒，扶还是不扶，相信不少人都想过这个问题，而小慧用她的实际行动给出了答案。作为家长的我们，应该怎么和孩子谈论类似的社会话题呢？我国自古以来就有尊老敬老的传统美德。尊老爱幼，是对一个人最起码的道德要求，也是每个人义不容辞的社会责任。我们应当鼓励孩子在认真学习的同时，怀揣社会责任感，把自己的行为与社会道德规范、国家的发展联系起来，这才是新时代青少年应有的担当。

案例二 价值观培育流于形式

某机构曾对 A 市 5 所高中的学生就价值观的认知情况做了调查问卷。调查发现，在关于“你认为衡量一个地区发展情况的标准有哪些”的调查（见表 1.1）中，选择“经济实力”和“人均收入”的占比分别为 84.1%、80.8%，反映了大部分高中生是以物质获得情况来衡量一个地区发展的情况；而选择“安定和谐”的占比为 30.2%，选择“环境情况”的占比为 25.2%，反映出部分高中生当前的价值观取向。在关于

“你认为学习的目的是什么”的调查（见表 1.2）中，选择“挣钱，改变自己的生活”和“实现自我价值”的占比均超过 50%，反映出大部分高中生以个人利益为出发点，认为学习是为了自己今后的生活，为了考上好的大学，找到好的工作，而在一定程度上忽略了为国家和社会做贡献对自己未来发展的意义。

表 1.1 你认为衡量一个地区发展情况的标准有哪些

项目	人次	百分比	有效的百分比
经济实力	253	84.1	84.1
人均收入	243	80.8	80.8
安定和谐	91	30.2	30.2
环境情况	76	25.2	25.2

表 1.2 你认为学习的目的是什么

项目	人次	百分比	有效的百分比
为国家、社会做贡献	96	31.9	31.9
回报自己的家庭	102	33.9	33.9
挣钱，改变自己的生活	192	63.7	63.7
实现自我价值	236	78.4	78.4
纯属父母意愿，只为考上大学	0	0	0

在传统教育的大环境下，部分高中学校对孩子进行社会主义核心价值观培育的重视程度不够，教育宣传形式单一；而不少家长也认为高中阶段的孩子只需要好好学习，孩子的主要目标就是考上好大学。这就导致了孩子只知社会主义核心价值观的基本内容，却不能很好地理解其内在意义，因而无法产生认同，出现知行脱节现象。

部分孩子对于社会主义核心价值观的理解刻板，认为社会主义核心价值观只是出现在课本上的知识点，没有将其与个人的现实生活联系起来；一些孩子只重视学习成绩，而忽略了当代青少年应具备的爱国情怀、应继承的中华民族优秀传统美德和应遵守的公民职责，容易导致思想上出现偏差，甚至走向歧途。

高中阶段也是孩子形成科学价值观的关键阶段。社会、家庭和学校要形成合力，培养高中孩子的社会主义核心价值观，增强孩子的爱国激情、历史使命感与公民责任感，引导他们将自身的发展与祖国联系在一起，从而实现个人的真正价值。

案例三　诚信意识淡薄

初中学习成绩平平的小凡考上了一所重点高中，全家人都喜出望外，父母更是对她寄予厚望。高一第一次月考前的一个月，父母强行没收了小凡的手机，小凡为此和父母闹得很不愉快。随着学业和家庭压力越来越大，再加上还没有完全适应高中生活，小凡上课常常走神，导致很多知识点都没能掌握。月考时，小凡刚好坐在和自己关系不错的“学霸”旁边，就抄了他的答案，后来她就越来越依赖于作弊了……小凡知道作弊不对，但她不敢想象真实成绩对父母的打击有多大。她有时候很迷茫，不知道自己该怎么办。

高中孩子思考事情的方式相对简单，容易受到外界影响。有些孩子看到其他同学在考试中作弊，感受到考试成绩的不公平，导致心理失衡，也开始在考试中作弊。这些孩子由于大多缺乏学习能力，加上父母施加的压力，就有可能会通过非正常途径来提升成绩。有些孩子作弊不是为了考试合格，而是为了获得高分来满足虚荣心。

那么，对于孩子的作弊行为，我们家长应该怎么办呢?

首先，要分析孩子作弊的原因。不同孩子的情况各不相同，只有弄清楚原因，才能开展针对性的应对措施。不能因为孩子出现了作弊行为，就气急败坏地对他们发怒甚至动手，而不是耐心地寻找原因。

其次，应当努力发掘孩子身上的闪光点，使孩子逐渐自信自强。每个人都有不同的发展特点，有些孩子在逻辑思维能力方面有较强的天赋，有些孩子则更倾向于对形象的感知。这就需要我们善于发现孩子的特质，鼓励孩子发挥优势，通过不断地努力来提高自我效能感。当孩子感受到自己的优秀时，他们的信心也会随之建立。

最后，培养孩子具备诚实的品质。我们应该明确地告诉孩子，相较于考试成绩，诚实更为重要。而诚实品质的形成绝非朝夕之间，这要求家长、教师乃至全社会以身作则，讲正气、做表率。

了解孩子

社会主义核心价值观是中国特色社会主义在价值原则层面的高度凝练。高中孩子对社会主义核心价值观的认知和认同，是事关他们应该做什么样的人，未来成为什么样的人，以及在中国特色社会主义伟大事业中是否具备“合格建设者”和“可靠接班人”条件的重要基础。

清华大学曾开展一项针对高一年级学生的调查。结果显示，高一年级学生对价值观的总体认知水平较高，但对社会主义核心价值观的认知则较为表浅，情感认同参差不齐，实践的内在动力不足。不少孩子表示自己在日常生活中践行社会主义核心价值观的自觉性不高，实践程度有限①。

在信息时代的今天，孩子们受到各种文化碰撞融合的影响，价值取向的表现也越来越多元化。青少年是中国共产党实现“两个一百年”奋斗目标的主体力量，也是建设社会主义和谐社会的主力军，他们的价值观和理想信念会对国家和民族命运产生深远的影响。我们应该教导孩子坚定理想信念，认清历史使命，明白做人的道理。只有荣辱分明、是非分明、善恶分明，才能更好地践行社会主义核心价值观。

实施指南

党的十九大报告指出，中国特色社会主义进入了新时代。我们要认识到社会主义核心价值观对于培养孩子的重要性。那么，我们应该怎样和孩子一起践行社会主义核心价值观呢？

① 曹格、石中英：《中小学社会主义核心价值观教育的一项问卷调查：学生视角》，《南京师大学报》(社会科学版) 2021 年第 3 期第 16–31 页。

1. 熟记社会主义核心价值观的内容

富强　民主　文明　和谐

自由　平等　公正　法治

爱国　敬业　诚信　友善

其中，富强、民主、文明、和谐是国家层面的价值目标，自由、平等、公正、法治是社会层面的价值取向，爱国、敬业、诚信、友善是公民个人层面的价值准则。

2. 依托优良家风，培育和践行社会主义核心价值观

好的家长是培育良好家风的关键，我们要意识到家庭在培养孩子社会主义核心价值观形成方面的重要意义。教育引导孩子做人做事要做到以身作则、身体力行，使孩子在耳濡目染中受到良好的熏陶；言传身教、循循善诱，为孩子确立与社会发展相契合的行为规范；给孩子树立好榜样，主动和学校对接，家校共同促进孩子形成正确的价值观。

3. 自觉遵守法律法规和道德规范

法律法规和道德规范对社会公民的要求也同样适用于高中阶段的孩子。我们要对孩子进行法律法规教育，使孩子形成自觉遵守法律法规的意识。在待人接物上，教育孩子有礼貌、有爱心；在为人处世上，要教会孩子讲诚信、有社会责任感；在公共场合注重礼仪形象上，引导孩子养成文明行为习惯，遵守社会道德规范。此外，还可让孩子多参与社区活动，培养奉献精神。

4. 重视孩子的思想和情感，加强亲子沟通

我们要给予孩子足够的关爱和理解，加强与孩子沟通，及时发现孩子日常生活中的思想变化，防微杜渐。同时也要注意沟通方法，学会做孩子的朋友和听众，耐心倾听孩子的心声，分享孩子的快乐，分担孩子的烦恼，解决孩子的疑虑，客观地评价孩子的言行，让孩子感到被理解和信任。

5. 关注舆情，进行积极有效的引导

在信息化高度发达的今天，各种鱼龙混杂的信息充斥着涉世未深的高中孩子的生活。我们可以通过正面事例，通过榜样人物进行激励，引导孩子对标和调整自己的行为；也可以针对社会上不遵守规则的事件，从客观理性的角度进行解读分析，加深孩子对守法和违法产生的不同结果的认知，为践行社会主义核心价值观打下基础。

6. 重视语文，传承中华优秀传统文化

高中语文是关键的基础科目。高中语文课程标准明确指出，语文教学的目的是进一步培养学生热爱祖国语言文字，热爱中华民族优秀文化的感情。学好语文，对高中孩子自身乃至中华民族至关重要。我们要重视孩子的语文学习，让孩子在博大精深的中华文化中汲取养料，做一个身心健康、积极向上的人。

延伸拓展

一、阅读推荐

《孩子，把你的手给我》（著者：［美］海姆·C. 吉诺特，译者：张雪兰；出版单位：京华出版社）

本书认为，跟孩子打交道的过程，就是帮助他们建立三观的过程。父母可以帮助孩子成为一个品质高洁的人，一个有着怜悯心、敢于承担责任和义务的人，一个有勇气、充满活力、正直的人。光有爱和洞察力是不够的，好的父母需要知道如何获得并使用这些技巧。这本实用的指南给面临日常状况和精神难题的父母提供了具体的建议和可取的解决方法。

二、视频推荐

1.《觉醒年代》(重大革命历史题材电视剧)

本剧的时间轴从1915年《青年杂志》问世到1921年《新青年》成为中国共产党机关刊物止，展现了从新文化运动、五四运动到中国共产党建立这幅波澜壮阔的历史画卷，讲述了“觉醒年代”的社会风情和百态人生。全剧以李大钊、陈独秀、胡适从相识、相知到分开，走上不同人生道路的传奇故事为基本叙事线，以毛泽东、周恩来、陈延年、陈乔年、邓中夏、赵世炎等革命青年追求真理的坎坷经历为辅助线，艺术地再现了一百年前中国的先进分子和一群热血青年谱写的一段追求真理、燃烧理想的澎湃岁月，深刻地揭示了马克思主义与中国工人运动相结合和中国共产党建立的历史必然性。

2.《中国合伙人》(商业励志电影)

本片讲述了20世纪80年代的三个年轻人——“土鳖”成东青、“海龟”孟晓骏和“愤青”王阳从学生年代相遇、相识，共同创办英语培训学校，最终实现“中国式梦想”的故事，阐述了一代人对爱情、事业、友情的思考和理解。“你有过梦想吗？”这句话贯穿影片。电影结尾处播放了以俞敏洪等商业精英为影片原型的老照片，辅以罗大佑《光阴的故事》的伴乐，催人泪下，引起观众的共鸣与对青春的回忆以及对未来的思考。

评估改进

一、自我评估

1. 请你测试

（1）你认为当前最能规范人们行为的方面是什么？（　　）

A. 道德

B. 法律

C. 信仰

D. 家庭

E. 其他

（2）你觉得衡量一个人人生价值大小的标准是什么？（　　）

A. 对社会贡献的多少

B. 拥有财富的多少

C. 拥有地位的高低

D. 拥有权力的大小

（3）你怎么看待团队合作？（　　）

A. 很有意义，大家智慧的结晶才是最好的

B. 视情况而定，时好时坏

C. 没有多大意义，自己做事效率更高

D. 完全没有意义

（4）（多选）激励你奋斗的原因是什么？（　　）

A. 金钱

B. 自我价值的实现

C. 为祖国奉献

D. 其他

（5）你人生中遇到过最大的挫折是什么？（　　）

A. 婚姻失败

B. 被朋友欺骗

C. 事业无起色

D. 亲人逝世

E. 其他

（6）你工作的目的是什么？（　　）

A. 挣钱

B. 实现理想和人生价值

C. 随大流，没有目的

D. 其他

（7）（多选）下列哪些是你珍视的方面？（　　）

A. 生命

B. 爱

C. 和平

D. 自我的发展

E. 人与自然的和谐

F. 物质

G. 信仰

2. 请你思考

（1）你在向孩子灌输自己的三观之前，是否考虑过对孩子今后生活产生的影响？

（2）在教育孩子该怎么做之前，你是否会问自己能不能做到？如果觉得这样做太难，你有什么好的办法可以引导孩子吗？

（3）你会主动了解孩子的社交圈吗？你知道孩子好朋友的名字吗？

（4）你是否常把自己的想法套在孩子的身上？在要求孩子去做之前，你有没有问过孩子是否喜欢？你知道孩子真正的兴趣是什么吗？

（5）你答应孩子的事情会尽量做到吗？

【评估参考】

以上测试没有严格的评价标准。其实，只要你能耐心做完以上测试并做思考，就已经说明你想要好好去爱孩子，他（她）在你心里是十分重要的。

二、改进计划

表 1.3 改进计划表

序号	我的收获	我的改进行动
例	我知道了家长的三观会潜移默化地影响孩子。	1. 希望孩子做到的，自己要先做到，甚至做得更好；不希望孩子做的，自己就不要做，以免给孩子造成负面影响。 2. 用心经营亲子关系，多跟孩子交流，引导孩子树立正确的三观。 3. 经常反思自己的行为并不断调整，做孩子最好的榜样。
1		
2		
3		

第二专题　如何做孩子规划生涯的好帮手

孩子上了高中后，你是否感觉到自己能帮助和引导孩子的方面越来越少了呢？

三年磨剑，只待出鞘的时刻。但高考绝不仅仅是一场考试，也是策略和胆识的考验。你是否想过，三年后的孩子该选报哪所学校，适合选读哪个专业呢？不少学校从高一下学期或高二上学期就要求学生开始选课走班，孩子要选择哪些学科学习才更合适呢？

我们应该结合孩子的优势特长、职业兴趣和价值取向，和老师一起指导高一的孩子做好生涯规划，为孩子未来的职业发展提供更多、更合适的选择。

专题目标

1. 了解生涯规划的作用，配合学校指导孩子做好生涯规划。
2. 结合孩子的优势特长，利用生涯决策工具和孩子一起分析职业倾向。
3. 结合孩子的职业兴趣，配合学校指导孩子做好选课走班的准备。

和孩子一起试着规划生涯发展

案例分析

案例　对未来的迷茫

国栋从小成绩优秀、为人和善，一直是“别人家的孩子”。他中考后顺利升入示范性高中，但高一的第一次考试成绩和入学时相比却一落千丈。父母认为他是远离了家长的管束，趁机犯懒。班主任找其谈心时，国栋却回答：“从小到大每天都在埋头学习，好像我就是为了爸爸妈妈而活着，人生就只有学习和考试吗？”

为了帮助这个迷茫的少年，班主任建议国栋到学校的心理辅导室跟老师谈谈。尽管不太情愿，国栋仍然抱着试一试的想法找到了心理老师。老师指导国栋做了一次生涯规划。走出心理辅导室之后，国栋似乎找回了学习的动力，开始重新树立起学习目标。

“生”是指生命，“涯”是指边际，“生涯”指的是从事某种活动或职业的生活。孩子们做生涯规划，也是在尝试设计自己的人生，设想自己如何去完成学业和工作，如何度过学业和工作以外的时光。这种尝试也是一种学习，学习如何为自己的人生负责，学习如何令自己的人生充实而幸福。

只有当孩子想明白了自己想成为什么样的人，想要过什么样的生活，才能更清晰地定位自己的理想职业。为了能实现心中的理想职业，孩子们需要提前规划大学时学习何种专业；为了能考上目标大学和专业，孩子们从现在开始就应该考虑如何选择高考的选考科目。规划顺序大致为：终身生涯规划（想要成为什么样的人），职业生涯规划（想要从事什么样的职业），大学学业规划（想读什么大学、专业），高中学业规划（选择升学通道、选考科目）。

你一定发现了，这是一种“以终为始”的规划。

了解孩子

提到生涯规划，很多家长会把它和孩子的选课、高考科目、报考大学及专业等概念等同起来，其实这是一种误解。

如果我们仅仅把高考升学作为孩子生涯规划的终点，很容易导致孩子进入大学后对人生产生迷茫，不知道自己为何要读大学，也不知道高考后的人生还能有什么追求。

要让孩子更清晰地认识人生、寻找属于自己的人生目标，做生涯规划是很有帮助的选择。美国生涯规划大师舒伯将人的生涯发展分为 5 个阶段。（见表 2.1）

表 2.1 舒伯划分的生涯发展阶段

成长期（0～14 岁）	探索期（15～24 岁）	建立期（25～44 岁）	维持期（45～64 岁）	衰退期（65 岁以后）
主要任务： 发展自我概念和自我职业角色意识	主要任务： 在学习活动中尝试性地做职业决策和职业生涯规划	主要任务： 通过职场试错来确定终生职业，谋求职业发展	主要任务： 维持在职业领域中已取得的成绩和地位，维护家庭与工作的和谐关系，接受继续教育	主要任务： 退出原有的工作。发展新的角色，寻求不同的满足方式以弥补退休的失落

续表

成长期（0～14岁）	探索期（15～24岁）	建立期（25～44岁）	维持期（45～64岁）	衰退期（65岁以后）
1. 幻想期（4～10岁）通过游戏来发展职业角色的认同 2. 兴趣期（11～12岁）以兴趣为中心，理解、评价职业 3. 能力期（13～14岁）有意识地进行能力训练	1. 暂定期（15～17岁）明确职业兴趣，发展职业价值观，对职业发展方向做出初步的判断 2. 过渡期（18～21岁）进入专门学校或劳动力市场，将职业理想转化为直接现实 3. 尝试期（22～24岁）进入相对合适的职业领域，做好职业生涯规划，尽快适应工作	1. 适应期（25～30岁）时间跨度因人而异，应缩短适应期，尽快进入稳定的职业状态 2. 稳定期（31～44岁）致力于实现稳定的职业目标，培养职业生涯发展中的成就感和满足感	—	1. 减速期（65～70岁）工作速度变慢，工作责任或性质也发生改变，以适应逐渐衰退的体力与心理 2. 过渡期（70岁以后）有些人能很愉快地适应完全停止工作的状态，有些人则感到适应困难，终日郁郁寡欢

舒伯对各生涯阶段的年龄界定只是一种估算，每个人还是会存在不同的情况。舒伯还发明了生涯探索工具——“生涯彩虹图”。(示例见图2.1)

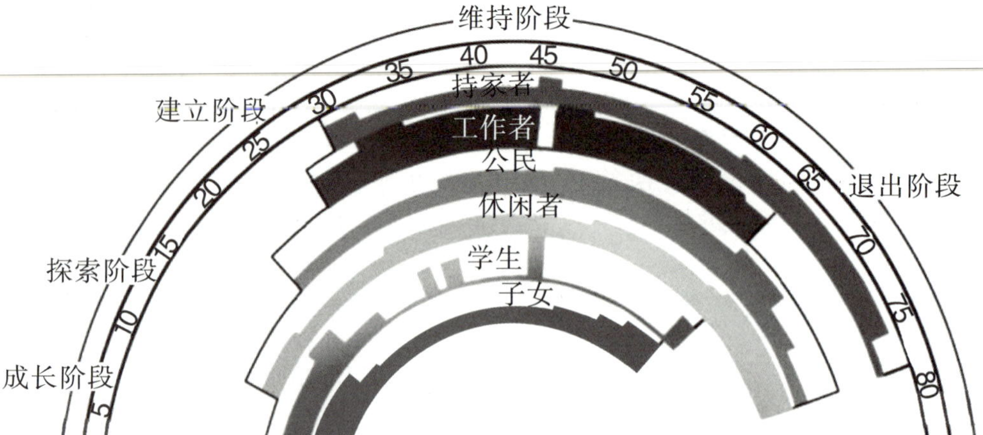

图2.1 舒伯“生涯彩虹图”示例

“生涯彩虹图”的横向外围代表人的生命阶段与年龄，纵向代表人在不同年龄时所担任的角色。色块的横向长度代表年龄跨度，纵向宽度和颜色深浅代表个体的重视度和投入精力的多少。

①半圆形最内层是子女角色。“生涯彩虹图”的主人在5岁以前的这层涂满了颜色，而后随着年龄增加逐渐减少，20岁时起大幅减少，但到45岁时开始迅速增加。这意味着该主人年幼时充分享受被父母养育照顾的温暖；进入学校后，随着身体成长、心智成熟和客观环境的变化，慢慢开始减少对父母的依赖甚至与他们渐渐疏离；而在父母年迈后，则开始倾注更多的时间精力来照顾和陪伴。父母健在时，子女角色一直存在。

②由内至外第二层是学生角色。“生涯彩虹图”的主人大约从5岁开始具备学生角色，16岁以后进一步增强，20岁以后大幅减少，25岁以后便几近停止。但在30岁以后，学生角色又出现了，特别是45岁左右时，学生角色突然被涂满了颜色，但再过2年后又完全消失，直到65岁后几年再次被涂满。现代科技日新月异，青年在离开学校、工作一段时间之后，常会感到自己的知识储备和能力越来越无法满足工作需要，需要以进修的方式来提升自我。也有一部分人会在中年时或儿女长大后，暂时中断原有的工作，接受更高层次的教育，开始生涯的第二个高峰。而退休后的生活相对轻松，有了更多的时间和精力来自我提升，尽情享受人生乐趣。

③第三层是休闲者角色。“生涯彩虹图”的主人大约在10岁时开始产生这一角色，青春期时较平衡地发展，在18～30岁阶段有所缓和，30岁之后开始逐渐增加，67岁以后增加到极致。这一层次代表的是个人在兴趣爱好方面的投入。学生时代以学业为主，步入职场需要适应，这段时期多为拼搏奋斗；就业稳定后，紧张的工作需要休闲生活来平衡，以保持日常的身心健康；退休后，许多人将兴趣爱好作为自己的精神支柱。

④第四层是公民角色。“生涯彩虹图”的主人从20岁开始具备这一角色，35岁以后得到加强，65～70岁达到顶峰，之后慢慢减退。公民角色需要承担社会责任、关心国家事务的责任和义务。

⑤第五层是工作者角色。“生涯彩虹图”的主人从27岁左右开始工

作，整个层面几乎被填满且颜色较深，可见这一角色需要投入非常多的时间和精力。但在 45 岁时，工作者的角色完全消失。与此同时，学生角色和持家者角色都有不同程度的增强。两三年后，学生角色消失，持家者角色的投入程度恢复到平均水平；而工作者的角色又被颜色涂满，直至 60 岁以后开始减少，65 岁终止工作者角色。

⑥第六层是持家者角色。这一角色有配偶、父母、祖父母等。进入中年之后，这个角色往往将成为生命中最重要的角色。“生涯彩虹图”的主人的持家者角色从 30 岁起投入精力较多，之后维持在适当水平，一直到退休以后才加强了这一角色；76 ～ 80 岁渐渐退出了这一角色。

对大多数人而言，以上六种角色是人生最基本的角色。但孩子也许还会拥有其他角色，如兄弟或姐妹、朋友或邻居等，具体可以由孩子根据自身情况进行调整和设计。那么现在，请准备好一盒彩笔，让孩子在下图完成属于他（她）的“生涯彩虹图”吧！（见图 2.2）

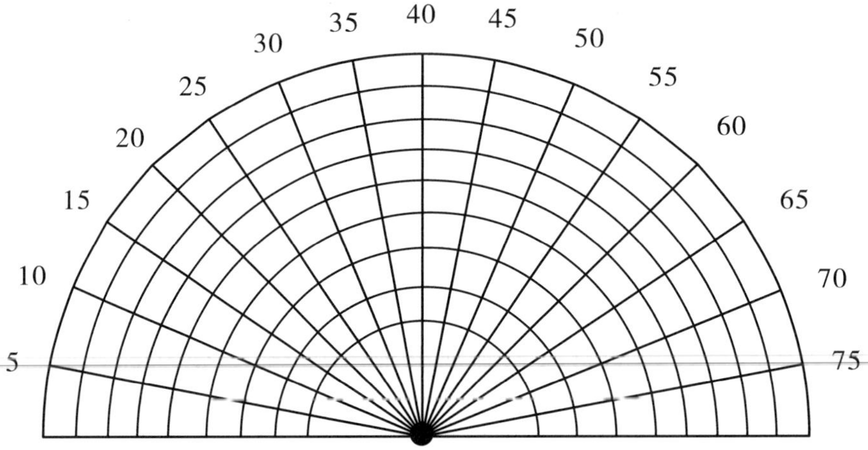

图 2.2 “生涯彩虹图”（由孩子绘制）

实施指南

我们也来完成一张自己的“生涯彩虹图”(见图 2.3)，并将绘制的方式和每一层所代表的内涵解释给孩子听，并说明绘制的内容及理由。当家长主动敞开心扉，才有可能走进孩子的心。

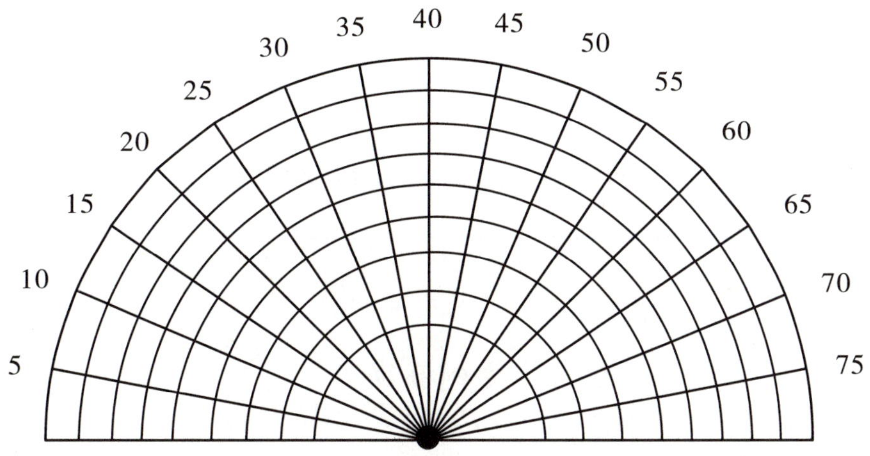

图 2.3 “生涯彩虹图”(由家长绘制)

当孩子设计的规划生涯与你期望的不一致时，不要急于否定，要允许孩子的人生与你的期望存在差异。孩子的个性、能力以及受生长年代所影响所产生的价值观都会随着时间推移而有所改变，在没有原则性错误的前提下，尊重、接纳并鼓励孩子，才是帮助他们成长最恰当的方式。

分析孩子的“生涯彩虹图”，看看是否有在某个阶段同时扮演几个重要角色的情况。当在同一时段兼顾几个角色时，我们要引导孩子学会按轻重缓急的原则，对自己的时间和精力进行合理分配，让孩子明白，每个人的精力都是有限的，无法做到几个角色都同时在纵向宽度上填满色彩。

在孩子完成“生涯彩虹图”后，和孩子讨论以下问题：

①画完“生涯彩虹图”，你有什么感受?

②最初你是什么样的人？最终你想成为什么样的人？

③一生中，你最重视的 1 ～ 2 个角色是什么？

④对你而言，目前最重要的角色是什么？你打算在这个角色上做哪些投入或者采取什么行动？

⑤关注自己从现在到未来五年的角色变化，思考从现在开始需要付出何种努力来完成这一阶段的发展。

此时，引导孩子再回头看他（她）绘制的“生涯彩虹图”，问问孩子有什么新的感悟。

帮助孩子认识自己的职业倾向

案例分析

案例　投其所好，让兴趣映射到学业

小美在入读示范性高中后，学习态度并不积极，还向父母明确表示：“我不喜欢学习，学习是一件无聊甚至使我痛苦的事情。”

为了提升小美的学习兴趣，老师建议小美的爸爸妈妈先挖掘孩子在日常生活中的兴趣点，再努力帮助孩子将之迁移到学习之中。爸爸妈妈不约而同地想到了小美的爱好——汉服。每个节假日，小美都会和小伙伴们相约穿上汉服外出游玩。有时候，小美也会和爸爸妈妈聊起中华民族的传统文化，对那些服饰的历史津津乐道。小美曾明确表示自己希望未来能从事和汉服有关的工作，但她觉得那些工作与现在高中抽象的学习并无关联。

老师建议小美的爸爸妈妈在陪孩子看古装电视剧时，引导孩子关注古代历史的重大事件，并向孩子询问剧中人物的生平和诗歌吟唱的意思。此外，要支持孩子查找历史材料，学习不同朝代的服装和习俗；支持孩子加入学校中华文化社团，适当为孩子设计社团活动提供帮助。随着爸爸妈妈的引导和鼓励，小美渐渐对历史、语文两科的学习产生了浓厚的兴趣。经过半个学期的努力，小美的历史和语文成绩在期考时大幅上升，她也越来越喜欢这两门学科了。

兴趣，是一个人力求接近、探索某种事物和从事某种活动的态度和倾向。一些家长认为，生存和生活比兴趣更重要，孩子选择专业应该更关注它与未来收入的联系。在物质条件相对贫乏的年代，满足基本生活需要自然成为选择专业最重要的依据之一。随着国家综合实力的不断增强，人们的生活条件得到明显改善，孩子们更关注的是能否满足自己的精神需求。他们想选择有意思的专业和学科，更在意未来的就业与自己的兴趣两者间的匹配。

一项针对影响高中生确定高考选考科目主要因素的调查显示，位列前三的因素分别是考试成绩（30.1%）、学习兴趣（24.8%）和学习信心（12.2%）[①]。由此可以发现，学习兴趣对孩子确定高考选考科目影响较大。

我们会发现，孩子在做自己感兴趣的事情时，动力更强劲，注意力更集中，时间也更为持久。兴趣是引起和维持人的注意力的重要因素，人们总是能积极愉快地去探究和完成自己感兴趣的事。如果孩子将来从事的职业是他感兴趣的方向，那他的职业动力会更强，对职业的认同度也会越高。

兴趣可以分为直接兴趣和间接兴趣，二者是相互联系、相互促进的。在学习生活中，间接兴趣维持时间较长后，也有可能转变为直接兴趣，为孩子提供更强大的精神动力。案例中的小美由对汉服的直接兴趣产生了对历史和语文学科的间接兴趣，而当在学科中不断得到肯定、收获成就感时，她对这两门学科的兴趣就变成了直接兴趣。

---

① 白雪:《新高考背景下基于职业兴趣的高中生选科研究》，硕士学位论文，曲阜师范大学，2019，第 37 页。

了解孩子

认识自我，是高中孩子重要的心理成长任务。美国心理学家埃里克松认为，青春期孩子内心成长最重要的就是认识自我、获得自我同一性，防止内心多种角色混乱的冲突。当一个孩子能接受过去的自己，发现优点和不足，并相信可以凭借现在的特征将理想变成现实时，即为获得自我同一性。

我们可以从孩子的职业兴趣、优势智能和价值观这三个方面入手，帮助孩子认识自我，观察并发现孩子的职业倾向，指导孩子思考未来的职业发展方向。

1. 从兴趣到职业兴趣

当兴趣指向职业时，便形成了职业兴趣。美国著名的职业指导专家约翰·霍兰德于 1959 年提出了职业兴趣理论。他认为，个人职业兴趣特性与职业之间有内在的对应关系，职业兴趣是职业选择中的重要因素和强大的精神力量。（见表 2.2）

根据孩子的表现，我们可以在表中勾选孩子的兴趣，看看他（她）更倾向于从事哪些职业。

表 2.2 霍兰德兴趣类型与相应职业

类型	概念与特点	评价	相应职业	评价
实际型	·喜欢同物品、动物打交道 ·擅长动手操作	□ □	·技术性职业（计算机硬件人员、制图员、机械装配工等） ·技能性职业（飞行员、司机、木匠、厨师、修理工、农民、运动员等）	□ □
研究型	·喜欢研究物与物或者人与社会之间潜在的未知的逻辑关系 ·抽象思维能力强，求知欲强	□ □	·科学研究人员 ·大学教师 ·工程师、电脑编程人员、系统分析员 ·医生	□ □ □ □

续表

类型	概念与特点	评价	相应职业	评价
企业型	·追求权力、权威或物质财富，有领导才能；擅长管理、影响他人	□	·项目经理、销售人员、营销管理人员 ·政府官员、企业管理者 ·法官、律师	□ □ □
社会型	·喜欢与人交往，愿意教导人或帮助他人	□	·教育工作者（幼儿及中小学教师、教育行政人员等） ·社会工作者（义工等）	□ □
艺术型	·有创造力，渴望表现自己的个性 ·具有一定的艺术才能和个性	□ □	·艺术方面（演员、导演、艺术设计师、雕刻家、建筑师、摄影师、广告制作人等） ·音乐方面（歌唱家、作曲家、乐队指挥等） ·文学方面（小说家、诗人、剧作家、记者等）	□ □ □
常规型	·喜欢常规的、有规则的活动 ·习惯在预先安排好的程序下工作	□ □	·会计、秘书、记事员、行政助理、图书馆管理员、出纳员等	□

2. 探寻孩子的优势智能

传统智力观关注的是个体的语言表达能力（相关学科如语文和英语）和数理逻辑推理能力（相关学科如数学、物理、化学、生物）。美国教育学家和心理学家加德纳博士在 20 世纪 80 年代提出多元智能理论（见图 2.4）：每个人身上至少存在八项智能，即语言智能、音乐智能、空间智能、逻辑智能、运动智能、认识自然的智能、内省智能、人际交往智能。每个人只会在某一项或某几项智能上比较有优势，另外的智能相对较弱。

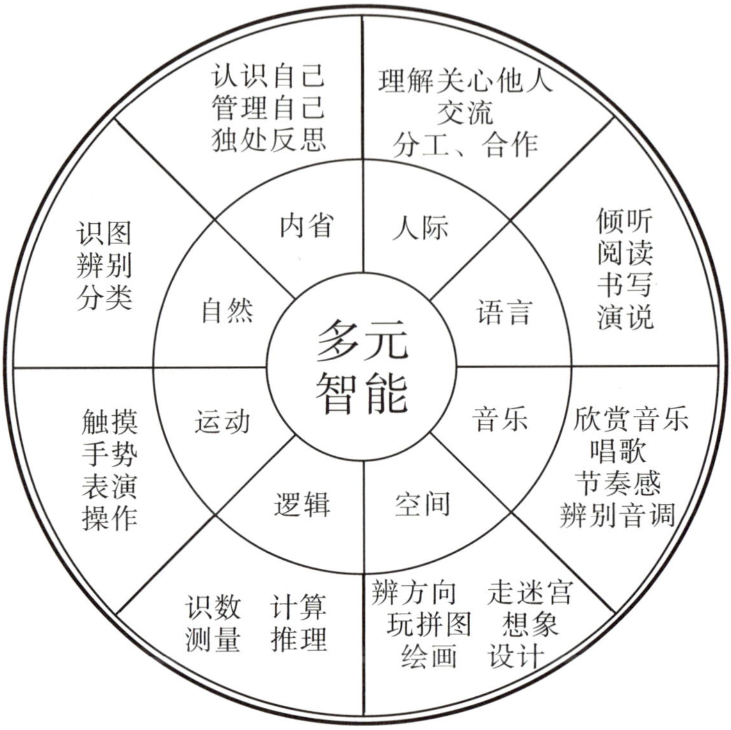

图 2.4 加德纳“多元智能理论”图例

很多孩子在初中时的学习成绩并不差，但上了高中后不管怎么努力似乎都没有提升。久而久之，孩子失去了自信，家长想帮忙却不知道从何插手，只能干着急。我们不能想当然地认为，孩子只要努力，就能把所有学科都学得好、学得快。人与人之间能力是有差异的，在学习任务或者工作任务难度加大时，能力之间的差异将更为明显。我们能做的，就是尽量帮助孩子找出他（她）的优势智能，并提供适合的教育和训练，让孩子的优势得到更大程度的发挥；为孩子寻找或创造更多可以展示其才华的平台，让孩子得到更多锻炼的机会，提升自信心，也为将来的职业生涯奠定坚实的基础。

每个孩子都是宝藏

小海的父母在一次家长培训时了解了多元智能理论，并受到了启发。通过分析，他们发现孩子的语言、逻辑和认识自然的智能均不占优势，那么是否可以挖掘他在其他方面的智能呢？小海自小就热爱各种交通工具，出门的时候经常给父母指路，对地点的记忆能力和方向感都很强，对地理学科的学习也比较轻松，还喜欢和人聊天。父母在查阅资料后发现，导游也许是一项适合小海的工作，因此建议孩子关注某大学的旅游管理专业。小海了解后兴奋不已，一想到未来可以从事喜爱的工作，一想到高中的学习是在为未来而努力奋斗，就觉得未来充满了希望，学习兴趣和学习自信心都得到了巨大的提升。

每个孩子都是独特的。我们不能单凭自己的喜好或者职业收入的高低就要求孩子往哪个方向发展，而要认真地和孩子一起分析其优势能力，让孩子往自己有优势的地方发展。在学生生涯中，多数孩子在自己的优势学科领域内获得好成绩才会有成就感，继而更容易激发学习的动力。同理，在将来的工作中，孩子只有在自己所热爱的工作中才更容易获得满足感和成就感，才能享受工作，幸福地生活。

3. 帮助孩子明确职业价值观

高一孩子的自我意识迅速增长，抽象逻辑思维能力快速提高，成人感不断增强。他们开始思考人为什么要活着，思考对他们来说最重要的东西是什么，尝试明确自己内心的价值观，这正是成长的表现。

什么是价值观？通俗地说，它是个人内心评价事物的标准，用来衡量对错、美丑、有用与无用、成功与失败等。每个人都有评价外界事物、评价他人和自我评价的准则，这些准则对孩子的行为选择产生巨大的影响。比如，认为健康很重要的孩子，往往能有规律地自觉安排时间进行体育锻炼；认为高中阶段知识储备比开心娱乐更重要的孩子，往往能在自习课上主动学习而不是聊天玩游戏；等等。

职业价值观会对孩子未来的职业认同度和工作动力产生很大的影响。我们可以让孩子在霍兰德职业兴趣量表中用排序的方式做出选择，看看孩子的职业价值取向，为专业选择找到依据。（见表 2.3）

表 2.3 霍兰德职业兴趣量表

序号	职业价值标准	按重要性排序
1	工资高福利好	
2	工作环境（物质方面）舒适	
3	人际关系良好	
4	工作稳定有保障	
5	能提供较好的受教育机会	
6	有较高的社会地位	
7	工作不太紧张，外部压力小	
8	能充分发挥自己的能力特长	
9	社会需求与社会贡献较大	
10	能从事自己感兴趣的工作	

每个孩子寻找人生意义的过程和收获都是不一样的。有的孩子可以接受父母的灌输，将学习好、考好大学、找好工作作为奋斗的目标；有的孩子会因自己曾经受过他人的否定和伤害，终生都在努力治愈童年创伤，比如曾被讥笑家贫的孩子有可能将追求物质财富作为人生第一目标；有的孩子则因某些经历，渴望自己能为他人、为社会奉献更多，比如曾经历亲人病逝的孩子更倾向于成为一名救死扶伤的医生。有时，一本书、一部电影也很有可能会给孩子无限的启发。

每个孩子寻找人生意义的速度也是不一样的。当孩子暂时没有明确人生意义的时候，我们也无须太着急。随着孩子的成长，有一些在中学时找不到答案的问题，在经过大学专业学习和社会实践后，孩子们往往会对它们有更深刻的思考和认识。

高中孩子社会生活经验有限，在日复一日进行的高强度学习中，不仅要承受成长的压力，也会陷入成长的迷茫。这时，我们尤其要平静地接纳、积极地引导孩子寻找人生的价值。当孩子成长为有意识而主动的社会成员时，我们也将成长为更优秀的父母。

实施指南

1. 观察和分析孩子的职业兴趣、优势智能和职业价值观（见表 2.4）

表 2.4 职业兴趣、优势智能、职业价值观判断归类表

项目	判断的线索	事件（活动）类型
职业兴趣	特别容易被吸引	1. 2. 3.
	更容易快乐	1. 2. 3.
优势智能	特别容易成功	1. 2. 3.
	学得比别人快	1. 2. 3.
职业价值观	获得较多的满足感和成就感	1. 2. 3.

2. 倾听孩子自己对未来的规划和想法

①和孩子聊天时，多使用开放式的提问，如“我观察到你……，我很好奇你这么选择的原因，可以告诉我吗？”等。

②尊重孩子对世界的看法，不强求孩子的观点和我们一致。在大方向正确的前提下，允许有不同意见存在。

3. 听取老师、孩子的朋友对他（她）的描述和评价

①主动征求老师对孩子选课走班和职业选择的建议。

②从孩子的亲密朋友中了解他们对孩子的评价。

③客观评估他人对孩子的评价，引导孩子正确认识自我。

4. 和孩子讨论职业兴趣和优势特长

①主动了解高考综合改革政策，引导孩子明白自我认识和自我评价的重要性。

②根据孩子的生理特点来评估未来报选专业的方向。

③和孩子讨论未来的专业，并利用自身资源尽可能给孩子提供参考。

④和孩子一起分析他（她）从小到大都坚持的兴趣和擅长的事情，确定孩子的优势能力。

5. 为孩子提供了解职业的实践机会

①把自己从事的职业或自己了解的相关职业情况告诉孩子。

②引导孩子向从事心仪职业的亲友了解情况。

③指导孩子通过网络查询相关职业的情况。

④鼓励孩子利用寒暑假在不同的职业岗位实习，体验典型职业的特点。

⑤平时注意引导孩子，避免孩子受某些不切实际的文学作品或影视剧的影响而对某些职业产生误解。

6. 咨询专业人士，进行有效评估

①避免使用网络趣味测试直接评价孩子的职业倾向。

②推荐孩子咨询学校心理辅导室或专业心理机构，利用专业的职业倾向测评工具进行测评。

助力孩子科学决策选课走班

案例分析

案例　选课的困惑

小芸是一个做事认真的女生。高一结束时要进行选课，老师说这是人生的一个重要选择，要求大家认真对待。小芸也非常重视，认真地反复思考如何选课。如果按兴趣，应该选历史、思想政治、地理；如果按父母的期望，应该选物理、化学、生物学；如果按自己考试成绩的优势科目，应该选物理、地理、化学。究竟该如何选择呢？

百般为难的小芸最后鼓起勇气求助班主任。班主任会心一笑，随即开展了一节班会课。课上，班主任给每个人发了一张“生涯决策平衡单”，并引导孩子们完成。

借助这张平衡单，小芸明确自己的利弊得失，综合地做出了她的决策方案。

选课是高中阶段的第一个生涯抉择，它往往决定着孩子们对大学和专业的抉择，继而影响到大学毕业后的第一次就业抉择。如果仅凭高中的考试成绩或者父母的喜好等单一因素做出决策，是不理性的，也是不明智的。

小芸是聪慧的，她在无法做出决策时能勇敢地向外界求助；她也是幸运的，班主任借助生涯理论中的相关工具来帮助孩子们开展自我认知和探索。

作为家长，我们要鼓励孩子们与其他成年人多沟通、多向他人请教，更要耐心学习专业的生涯教育知识，在关键时刻助孩子一臂之力。

了解孩子

选课走班是高考综合改革下高中教育授课的新方式。在原高考模式下，高中生只需要从理科和文科中二选一，而新高考改革打破了文理分科的传统。2021 年 9 月，广西壮族自治区人民政府印发《广西深化普通高等学校考试招生制度综合改革实施方案》，广西高考综合改革从 2021 年秋季入学的高中一年级学生开始实施，2024 年起统一高考采取“3+1+2”模式。统一高考考试科目包括 3 门全国统考科目和 3 门选择性考试科目。全国统考科目为语文、数学、外语（英语、日语、俄语、德语、法语、西班牙语任选一门）3 门，不再分文理科；选择性考试科目由考生从物理和历史 2 门科目中任选 1 门，从思想政治、地理、化学、生物学 4 门科目中任选 2 门。统一高考总成绩由 3 门全国统考科目成绩和 3 门选择性考试科目成绩组成，满分 750 分。其中，全国统考科目每门满分 150 分，选择性考试科目每门满分 100 分。语文、数学、外语、物理、历史科目以原始成绩计入考生总成绩，思想政治、地理、化学、生物学科目按等级转换分数计入考生总成绩。

从 2024 年起，普通高等学校招生将实行“院校 + 专业组”平行志愿投档录取模式，按照物理、历史两个类别，分列招生计划、分开划线、分开投档录取。普通类专业依据考生总分（含考生总成绩和加分分值，下同），参考普通高中学生综合素质评价结果择优录取。体育类、艺术类专业依据考生总分及相应专业考试成绩，参考普通高中学生综合素质评价结果择优录取。普通高等学校根据人才培养对学生学科专业基础的需要，按专业（专业类）提出选考科目要求，提前向社会公布。

高职院校分类招生与统一高考招生相对分开，实行“文化素质 + 职业技能”评价方式。既面向中等职业学校学生，也面向普通高中毕业生和社会考生招生。高职院校分类招生安排在统一高考之前，未报考高职院校分类招生或报考但未被录取的考生，还可通过参加统一高考进入高职院校。

为了让学生更有针对性地进行学习，许多学校在学生高一时就要求选定3科参加高考的意向科目，然后根据全体学生的选课情况安排相应的走班。语文、数学、外语这3科是高考生的必考科目，通常不需要走班；而当一个班内学生的选考科目不同时，则会进行走班，即选考科目的授课老师在固定的教室上课，学生根据自己的选考科目到相应的教室上课。

“3+1+2”模式的改革，从原来的2选1（纯文学科或纯理学科）变成了12选1（可以同时选择理科科目和文科科目），增加了孩子们对高考科目的自主选择性。（见表2.5）

表2.5 高考“3+1+2”组合模式

序号	“3”	“1”	“2”
1	语文 数学 外语	物理	生物学、化学
2			生物学、思想政治
3			生物学、地理
4			化学、思想政治
5			化学、地理
6			思想政治、地理
7		历史	生物学、化学
8			生物学、思想政治
9			生物学、地理
10			化学、思想政治
11			化学、地理
12			思想政治、地理

新高考模式有利于促进人才朝多元化、个性化的方向发展，孩子们的个人优势将得到更好的发挥，但与此同时也给孩子和家长带来了许多挑战。选择的科目是否有利于促进高二和高三的学习，是否有利于高考时的发挥，是否有利于高考志愿的填报，是否有利于未来迈入职场等，都是选课之前必须要慎重考虑的。

1. 生涯决策的常见步骤

我们指导孩子进行生涯决策，可以按照图 2.5 的流程来进行：

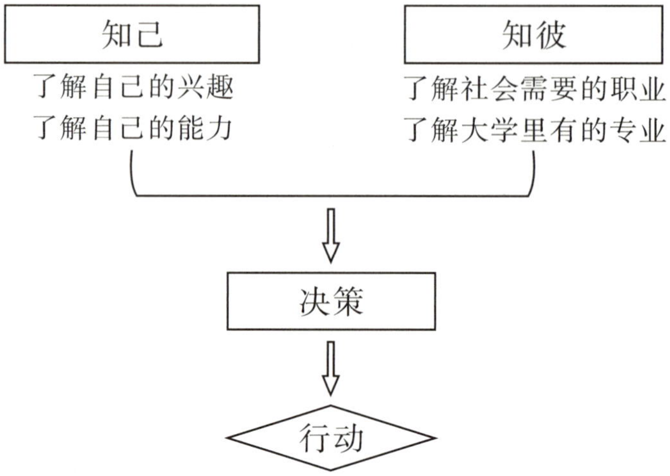

图 2.5　生涯决策常见步骤

2. 选课决策前的“知己”“知彼”

关于“知己”，我们需要帮助孩子认识自己的兴趣、能力、优缺点以及价值观等。关于“知彼”，我们要和孩子一起关注社会的就业趋势，不仅要了解常见的职业及其对应聘者的要求，还要关注当前的热门职业和新兴职业，关注现今社会经济发展、国家政策对未来的规划，以便更全面地了解社会对人才种类的需要。比如，人工智能行业、“一带一路”相关行业、“中国智造”战略、高铁行业、数字经济行业、军民融合发展战略等都亟需大量人才。

人力资源和社会保障部会同国家市场监督管理总局、国家统计局先后发布了五批新职业信息。（见表 2.6）

表 2.6 国家发布的五批新职业信息

第一批	2019 年 4 月发布
1	人工智能工程技术人员
2	物联网工程技术人员
3	大数据工程技术人员
4	云计算工程技术人员
5	数字化管理师
6	建筑信息模型技术员
7	电子竞技运营师
8	电子竞技员
9	无人机驾驶员
10	农业经理人
11	物联网安装调试员
12	工业机器人系统操作员
13	工业机器人系统运维员

第二批	2020 年 2 月发布
1	智能制造工程技术人员
2	工业互联网工程技术人员
3	虚拟现实工程技术人员
4	连锁经营管理师
5	供应链管理师
6	网约配送员
7	人工智能训练师
8	电气电子产品环保检测员
9	全媒体运营师
10	健康照护师
11	呼吸治疗师
12	出生缺陷防控咨询师
13	康复辅助技术咨询师
14	无人机装调检修工
15	铁路综合维修工
16	装配式建筑施工员

第三批	2020 年 7 月发布
1	区块链工程技术人员
2	区块链应用操作员
3	城市管理网格员
4	互联网营销师
5	信息安全测试员
6	在线学习服务师
7	社群健康助理员
8	老年人能力评估师
9	增材制造设备操作员

第四批	2021 年 3 月发布
1	集成电路工程技术人员
2	企业合规师
3	公司金融顾问
4	易货师
5	二手车经纪人
6	汽车救援员
7	调饮师
8	食品安全管理师
9	服务机器人应用技术员
10	电子数据取证分析师
11	职业培训师
12	密码技术应用员
13	建筑幕墙设计师
14	碳排放管理员
15	管廊运维员
16	酒体设计师
17	智能硬件装调员
18	工业视觉系统运维员

第五批	2022 年 6 月发布
1	机器人工程技术人员
2	增材制造工程技术人员
3	数据安全工程技术人员
4	退役军人事务员
5	数字化解决方案设计师
6	数据库运行管理员
7	信息系统适配验证师
8	数字孪生应用技术员
9	商务数据分析师
10	碳汇计量评估师
11	建筑节能减排咨询师
12	综合能源服务员
13	家庭教育指导师
14	研学旅行指导师
15	民宿管家
16	农业数字化技术员
17	煤提质工
18	城市轨道交通检修工

对于孩子有兴趣、有意向从事的职业，我们还要进一步了解它与大学专业之间的联系。比如从事人工智能行业的人员，在大学时往往就读于人工智能、模式识别与智能系统、计算机应用技术、智能科学与技术、信息与通信工程、计算机科学与技术、控制科学与工程、人工智能与信息处理、生物信息处理方向等专业。

教育部制定与修订的《普通高等学校本科专业目录》规定了专业划分、名称及所属门类，是高校设置和调整专业、实施人才培养、安排招生、授予学位、指导就业的重要依据。教育部每几年就会对本科专业目录进行一次大修改，撤掉一些老旧专业，合并一些相似相近的专业，增加一些社会需求量大、需求紧急的专业（见表 2.7）。因此，一些新增专业也是我们应该参考和关注的内容。

表 2.7 列入普通高等学校本科专业目录的新专业名单（2021 年）

序号	门类	专业类	专业代码	专业名称	学位授予门类	修业年限	增设年份
1	法学	社会学类	030307T	社会政策	法学	四年	2020
2	法学	公安学类	030621TK	反恐警务	法学	四年	2020
3	法学	公安学类	030622TK	消防政治工作	法学	四年	2020
4	教育学	教育学类	040113T	融合教育	教育学	四年	2020
5	历史学	历史学类	060108T	古文字学	历史学	四年	2020
6	理学	物理学类	070206T	量子信息科学	理学	四年	2020
7	理学	化学类	070306T	化学测量学与技术	理学	四年	2020
8	理学	大气科学类	070603T	气象技术与工程	理学 / 工学	四年	2020
9	工学	机械类	080217T	增材制造工程	工学	四年	2020
10	工学	机械类	080218T	智能交互设计	工学	四年	2020
11	工学	机械类	080219T	应急装备技术与工程	工学	四年	2020
12	工学	能源动力类	080505T	能源服务工程	工学	四年	2020
13	工学	电气类	080607T	能源互联网工程	工学	四年	2020
14	工学	电子信息类	080719T	柔性电子学	工学	四年	2020
15	工学	电子信息类	080720T	智能测控工程	工学	四年	2020
16	工学	自动化类	080808T	智能工程与创意设计	工学	四年	2020

续表

序号	门类	专业类	专业代码	专业名称	学位授予门类	修业年限	增设年份
17	工学	计算机类	080918TK	密码科学与技术	工学	四年	2020
18	工学	土木类	081011T	城市水系统工程	工学	四年	2020
19	工学	矿业类	081507T	智能采矿工程	工学	四年	2020
20	工学	交通运输类	081811T	智慧交通	工学	四年	2020
21	工学	航空航天类	082010T	智能飞行器技术	工学	四年	2020
22	工学	公安技术类	083112TK	食品药品环境犯罪侦查技术	工学	四年	2020
23	农学	植物生产类	090115T	生物农药科学与工程	农学	四年	2020
24	农学	自然保护与环境生态类	090205T	土地科学与技术	农学	四年	2020
25	农学	动物生产类	090306T	饲料工程	农学，工学	四年	2020
26	农学	动物生产类	090307T	智慧牧业科学与工程	农学	四年	2020
27	农学	动物医学类	090406TK	兽医公共卫生	农学	五年	2020
28	医学	公共卫生与预防医学类	100406T	运动与公共健康	理学	四年	2020
29	医学	医学技术类	101012T	生物医药数据科学	理学	四年	2020
30	医学	医学技术类	101013T	智能影像工程	工学	四年	2020
31	管理学	工商管理类	120216T	创业管理	管理学	四年	2020
32	管理学	公共管理类	120415TK	海关检验检疫安全	管理学	四年	2020
33	管理学	公共管理类	120416TK	海外安全管理	管理学	四年	2020
34	管理学	公共管理类	120417T	自然资源登记与管理	管理学	四年	2020
35	艺术学	艺术学理论类	130103T	非物质文化遗产保护	艺术学	四年	2020
36	艺术学	音乐与舞蹈学类	130212T	音乐教育	艺术学	四年	2020
37	艺术学	美术学类	130411T	纤维艺术	艺术学	四年	2020

当孩子对某些大学专业有初步意向后，我们可以关注这些专业在不同大学中的差异。首先，关注同一专业在不同大学的实力情况。比如，参考该专业在教育部最新公布的全国学科评估结果排名；对比该学科所在大学是否有国家重点学科，是否在“双一流”学科名单中，是否有国家重点实验室、国家基础学科人才培养基地、一级学科博士点、博士后科研流动站；等等。其次，了解不同学校对同一专业培养的方向差异。例如，就交通工程专业而言，北京交通大学侧重于铁路轨道，长安大学侧重与公路相关，中国民航大学则侧重与航空有关。另外，还要参考意向高校的招生章程，尤其关注专业录取条件和特殊要求，以免误报专业。比如，提前了解一些专业对身高、听力、色弱、色盲、肢体缺陷、口吃、男女比例等方面的要求，避免在填报志愿时才发现孩子不符合报考资格。当我们和孩子确定几所目标高校和几个具体的目标专业后，还要继续了解这些高校和专业对高考选考科目的要求。

2018 年，教育部发布《普通高校本科招生专业选考科目要求指引（试行）》（以下简称《指引》），对具体专业提出了应选科目及其要求（见表 2.8），并允许高校同时设置 2 ～ 3 门科目为高考必选科目。

表 2.8　高考选科与大学专业对应表

学科	专业（类别）	学科	专业（类别）
物理	海洋科学类	历史	考古学
	应用物理类		民族学
	工程力学		汉语言文学
	电子科学类		历史学
	地球物理学		地理学科
	材料科学类		政治学科
	热能与动力工程		世界历史
	信息与电子科学类		文物保护技术
	测控技术与仪器		马克思主义研究
	核工程与核技术学		中国共产党历史
	航天航空类和武器类		
	理论与应用力学		
	机械类		

续表

学科	专业（类别）	学科	专业（类别）
化学	核工程类	思想政治	哲学类
	地质学类		法学类
	化工与制药类		历史学类
	应用化学		经济学类
	林业工程学		政治学类
	生物科学类		教育学类
	材料类		社会学类
	食品科学与工程类		工商管理类
	医学技术类		公共管理类
	公共卫生与预防医学类		马克思主义理论类
生物学	生物工程类	地理	旅游类
	植物生产类		地质勘探类
	科学类		气象类专业
	环境生态类		城市规划类
	环境科学类		酒店管理类
	医学类		地图测绘类
	森林资源类		资源管理类
	草业科学类		地理教育类
	动物生产类		水利水电类
	水产类		
	动物医学类		

注：具体的选科要求请查看各高校在不同省份的公布情况。

需要注意的是，高校各招生专业的选科要求指引只是具有参考性和选择性，具体的选科要求还是要以考生所在地区的官方机构以及选报的大学公布的选考科目为准。

选考要求分为“均须选考方可报考”和“选考其中 1 门即可报考”两种。（见表 2.9）

表 2.9 高校专业选科要求示例

高校	甲校	乙校
专业	制药工程	制药工程
选考科目要求	物理、化学 （均须选考方可报考）	物理、化学 （选考其中 1 门即可报考）
考生 A：物理 + 化学 + 生物学	可以报考	可以报考
考生 B：物理 + 生物学 + 地理	不可以报考	可以报考
考生 C：化学 + 思想政治 + 历史	不可以报考	可以报考
考生 D：生物学 + 地理 + 历史	不可以报考	不可以报考

虽然专业名称相同，但不同高校对选考科目的要求不一样，孩子们在报考时受的限制也就不一样。《指引》中对 12 个门类的要求可以归纳如表 2.10：

表 2.10 专业选考要求

专业门类名称	选考要求
理学、工学、农学、医学、管理学	要求必考物理或必考化学，在某些高校的要求中，甚至物理和化学都必考
法学、历史学	必考历史或必考地理，在某些高校的要求中，甚至历史和地理都必考
哲学、经济学、教育学、文学、艺术学	《指引》没有设置必考科目，各高校自行设定选考科目要求

>> 3. 选课决策的个人影响因素

人们在决策时表现出来某种习惯性或独特的行为模式，被称为“决策风格”。1995 年，美国职业生涯专家斯科特和布鲁斯提出，决策风格是在后天的学习经验中逐渐形成的，并将决策风格划分为四种类型：理智型、依赖型、逃避型、直觉-冲动型[1]。（见图 2.6）

① 王延超、孙蓉、钱铭怡等：《心理咨询师的决策风格与伦理决策行为》，《中国心理卫生杂志》2014 年第 12 期第 891-896 页。

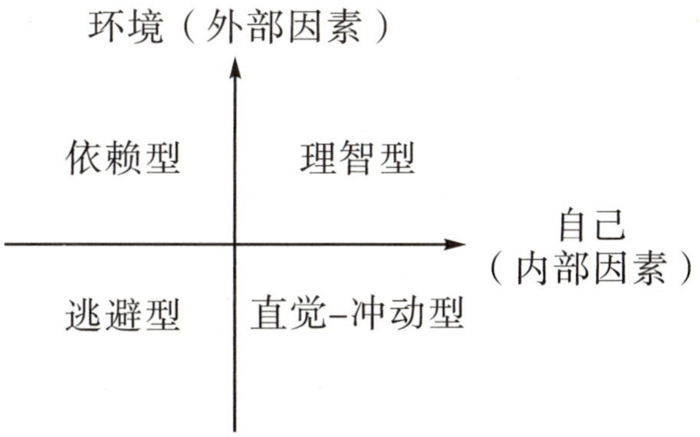

图 2.6　决策风格类型

（1）理智型

该类型的特征是周全的探求和对选择的逻辑性评估，其决策者更倾向于深思熟虑，评估决策的长期效用并以事实为基础做出决策。理智型决策风格强调综合全面地收集信息、理智地思考和冷静地分析判断，是较受推崇的决策方式，也是其他决策风格的个体需要培养的良好的思考习惯。但理智型的决策风格也并不是理想的、完美的，即使采用系统的、逻辑的方式，决策者也有可能出现因为害怕承担决策的后果而不能整合自己和重要他人观点的困扰。

（2）依赖型

该类型以寻求他人的指导和建议为特征。该类型决策者往往不能承担自己做决策的责任，依靠他人参与决策并共同分享决策成果，可能到他人的正面评价，但也可能因为简单地模仿他人的行为而产生负面效果。

（3）逃避型

该类型以试图逃避做出决策为特征，是一种拖延、不果断的决策方式。该类型决策者往往容易在面对决策问题时产生焦虑，因为害怕做出错误决策而选择逃避。他们无法承担做决策的责任，不考虑未来的方向，也不会为此做准备；不思考，也不寻求他人帮助。这样的决策者更容易被外界忽略。所以，家长需要引导这类孩子意识到自身的决策风格及可能造成的危害，努力调整，增强生涯规划的意识和动机。

（4）直觉-冲动型

该类型又分为偏直觉和偏冲动两种情况。

偏直觉以依赖直觉为特征，较为关注内心的感受，以自我判断为导向，在信息有限的情况下能快速做出决策，发现错误时能迅速改变决策。该类型决策者往往基于个人直觉而非理性分析，故这类决策发生错误的可能性较大，易产生诸多不确定性，容易使他人对直觉型决策者丧失信心。

偏冲动以渴望尽快完成决策为特征，具有强烈的即时性，享受快速做出决策的过程。该类型决策者往往不能容忍决策的不确定性以及由此带来的焦虑情绪，常会在缺乏深思熟虑的情况下做出一时冲动的决策，此类决策者通常会给人果断或过于冲动的感觉。

家长们都希望自己的孩子属于理智型的决策者。但要注意，如果孩子已经收集了足够的信息并进行反复对比，仍然迟迟无法做出决策，担心无法承担决策后的损失，这就倾向于逃避型的决策风格。而容易受他人或环境影响，自己没有慎重思考的决策则倾向于依赖型。只凭直觉判断，而未深思熟虑做出决定或不断更改既定选择，这种决策倾向于直觉-冲动型。

青春期的孩子往往不愿听取家长的意见，执意要选择自己认定的方案。这时我们可以推荐孩子使用生涯决策工具。

4. 选课决策的常用工具（见表 2.11 ～ 2.12）

表 2.11 生涯决策平衡单 1

考虑因素		加权分（1～5）	学科（1～10分）											
			物理		化学		生物学		历史		思想政治		地理	
			原始分	小计	原始分	小计	原始分	小计	原始分	小计	原始分	小计	原始分	小计
自我部分	自我兴趣													
	学科成绩													
	职业理想													
	学好该科的能力													

续表

考虑因素		加权分（1～5）	学科（1～10分）											
			物理		化学		生物学		历史		思想政治		地理	
			原始分	小计	原始分	小计	原始分	小计	原始分	小计	原始分	小计	原始分	小计
环境	大学选考科目覆盖面													
	大学专业适应性													
	家长期望													
	高中师资、学科特色													
	对学科教师评估（可选）													
资讯	将来就业情况													
	工作发展前景													
其他	（例：对教师的喜爱程度）	3	8	3×8=24	6	3×6=18	5	3×5=15	4	3×4=12	6	3×6=18	5	3×5=15
合计														

注：
1. 每个项目的重要性因人、因时、因地而异
2. 若还未确定选课后的任教老师，“对学科教师评估”一项可暂不填写

使用方法：

①第一行右侧为所有的备选项（学科或者学科组合）。

②第一列为需要考虑的因素。这些因素对你的选择所产生的影响，

为各因素赋加权分（1 ～ 5 分）。依据各因素的重要性，最重要的赋 5 分，最不重要的赋 1 分。

③评估各备选项在各因素上的赋分（1 ～ 10 分），填入原始分处。符合程度越高，得分越高。

④计算各个备选项的小计分（各因素的原始分乘加权分）。

⑤计算各备选项的合计分（将所有的小计分纵向相加）。

⑥回顾和调整。整体查看是否有某项分数需要调整。

⑦调整过后，请按分数高低排列选项。

⑧思考：

A. 这张表格是否能反映你内心真实的想法？如果不能，原因是什么？

B. 如果完成表格之后，仍想选择得分少的那一项，是否遗漏了哪些重要的影响因素？

表 2.12　生涯决策平衡单 2

<table>
<tr><th colspan="2" rowspan="3">考虑因素</th><th rowspan="3">加权分（1 ～ 5）</th><th colspan="6">学科组合（1 ～ 10 分）</th></tr>
<tr><th colspan="2">（ ＋ ＋ ）</th><th colspan="2">（ ＋ ＋ ）</th><th colspan="2">（ ＋ ＋ ）</th></tr>
<tr><th>原始分</th><th>小计</th><th>原始分</th><th>小计</th><th>原始分</th><th>小计</th></tr>
<tr><td rowspan="5">内因</td><td></td><td></td><td></td><td></td><td></td><td></td><td></td><td></td></tr>
<tr><td></td><td></td><td></td><td></td><td></td><td></td><td></td><td></td></tr>
<tr><td></td><td></td><td></td><td></td><td></td><td></td><td></td><td></td></tr>
<tr><td></td><td></td><td></td><td></td><td></td><td></td><td></td><td></td></tr>
<tr><td></td><td></td><td></td><td></td><td></td><td></td><td></td><td></td></tr>
<tr><td rowspan="7">外因</td><td></td><td></td><td></td><td></td><td></td><td></td><td></td><td></td></tr>
<tr><td></td><td></td><td></td><td></td><td></td><td></td><td></td><td></td></tr>
<tr><td></td><td></td><td></td><td></td><td></td><td></td><td></td><td></td></tr>
<tr><td></td><td></td><td></td><td></td><td></td><td></td><td></td><td></td></tr>
<tr><td></td><td></td><td></td><td></td><td></td><td></td><td></td><td></td></tr>
<tr><td></td><td></td><td></td><td></td><td></td><td></td><td></td><td></td></tr>
<tr><td></td><td></td><td></td><td></td><td></td><td></td><td></td><td></td></tr>
<tr><td colspan="2">合计</td><td></td><td></td><td></td><td></td><td></td><td></td><td></td></tr>
<tr><td colspan="9">注：每个项目的重要性因人、因时、因地而异。加权分计分范围为 1 ～ 5 分，原始分计分范围为 1 ～ 10 分，小计分为原始分乘加权分。小计后的分数差距变大，有助于分析各科的重要性及排序</td></tr>
</table>

实施指南

1. 主动学习了解高校、专业和未来就业的相关知识

结合孩子的兴趣、能力和价值观进行初步筛选后，再把相应信息推荐给孩子。

2. 给孩子选课的自主权

当孩子的选择与父母期望不相符时，应与孩子进行理智的分析。若强行要求孩子按我们的要求去选课，就难以保证孩子在高二和高三依然能保持浓厚的学习兴趣和动力。

3. 提醒孩子凡事没有完美的选择

“得到”往往伴随着“失去”。选择前衡量得失利弊，选择后不再去计较得失。当孩子的兴趣与优势能力不一致时，更要认真衡量。

延伸拓展

阅读推荐

1.《高中生生涯发展指导》（主编：谭蔚、刘艳杰；出版单位：厦门大学出版社）

本书是高中生生涯发展指导书，涵盖生涯的基本理论，高中生对高等院校和专业的选择，以及对工作的认识，培养孩子的人际交往、情绪管理、压力管理和职业生涯决策的能力等内容。

>> 2.《生涯规划：新高考选科与志愿规划指引》（编著：洪向阳、严亮；出版单位：化学工业出版社）

本书是新高考生涯规划的专用教程和指引手册，也是生涯教育从业者和家长的指导书。书中以系统的生涯知识为主线，设计了一系列实用的选科和高考志愿规划工具，包括 80 个生涯知识模块、18 个生涯故事、46 个探索活动 / 工具、42 个生涯思考点和 24 个生涯发现点等，激发孩子潜能，提升认知水平，为考取理想的大学和专业做好准备。孩子可以在家长和教师的引导下逐步做好新高考选科、高考志愿和职业方向的选择。

评估改进

一、自我评估

测测你对孩子生涯规划的了解程度。

（1）你了解孩子的兴趣爱好吗？（ ）

A. 非常了解 B. 比较了解 C. 不太了解 D. 完全不了解

（2）你了解孩子的优势智能吗？（ ）

A. 非常了解 B. 比较了解 C. 不太了解 D. 完全不了解

（3）你理解孩子现在的价值观吗？（ ）

A. 非常理解 B. 比较理解 C. 不太理解 D. 完全不理解

（4）你和孩子谈论过如何规划他（她）的生涯吗？（ ）

A. 深入谈论过 B. 粗略谈论过 C. 偶尔谈及 D. 从来都不谈及

（5）你曾经陪孩子一起尝试规划他（她）的生涯吗？（ ）

A. 认真规划过 B. 粗略规划过 C. 只有大致方向 D. 从未规划

（6）你支持孩子所规划的自己的生涯吗？（ ）

A. 非常支持 B. 比较支持 C. 不太支持 D. 完全不支持

（7）你了解高考选科要考虑的各种因素吗？（ ）

A. 非常了解 B. 比较了解 C. 不太了解 D. 完全不了解

（8）你了解决策高考选科的方法吗？（ ）

A. 非常了解 B. 比较了解 C. 不太了解 D. 完全不了解

（9）你支持孩子所选择的高考选考科目吗？（ ）

A. 非常支持 B. 比较支持 C. 不太支持 D. 完全不支持

【评估参考】

选择 A、B、C、D，依次得 4 分、3 分、2 分、1 分。

总分 27～36 分：你对孩子有很清晰的了解，并能陪伴和引导孩子做生涯规划。

总分 18～26 分：你对孩子有较多的了解，有时会陪伴和引导孩子做生涯规划。

总分 9～17 分：你不太了解自己的孩子，需要加强学习陪伴和引导孩子做生涯规划。

二、改进计划

表 2.13 改进计划表

序号	我的收获	我的改进行动
例	生涯规划是有相应的理论和使用工具的。	1. 调整心态，接纳孩子的特点。带上“放大镜”，寻找孩子身上的长处和优势智能。 2. 创设环境和平台，培养、训练和展示孩子的优势智能。 3. 寻找适合孩子发挥优势智能的高考途径。 4. 陪孩子认真、理性地思考，初步确定高考的选考科目，共同完成生涯决策平衡单。

续表

序号	我的收获	我的改进行动
1		
2		
3		

第三专题　如何帮助孩子尽快适应高中学习

有些孩子初中时成绩非常好，上了高一后却感到学习越来越吃力，成绩也迅速下滑；有些孩子觉得学习任务太多，时间总是不够用，甚至有时作业都难以完成；有些孩子对社团活动过于热心，投入大量时间和精力，对学习却不够用心；还有些孩子由于学业跟不上，越发消极倦怠，甚至出现厌学、逃学的现象……

刚上高中的孩子为什么会出现些问题？是他们长大后玩心重了，变懒了，还是高中功课太难了？对于孩子面临的新挑战，我们能做些什么？

专题目标

1. 了解孩子在高中阶段学业的特点和高一孩子的学习心理特点。

2. 学习引导孩子制订目标和计划、培养高效率的学习习惯和激发孩子学习动机的方法，助力孩子尽快适应高中学习。

3. 学习亲子间有效沟通的原则和方法，促进亲子关系建设，提升家庭生活质量。

引导孩子制订学习目标和学习计划

案例分析

案例一 热衷课外活动，缺乏对学习的规划

上了高中，小莉开启了期盼已久的寄宿生活。一进高中，她就被学校丰富多彩的社团活动吸引了，还被选进了学生会文艺部工作，从此节目的策划、排练、演出应接不暇。此外，她还加入了学校广播站，经过学长们的培训后迅速上岗，连续一个月早起为全校同学播报早间新闻。由于小莉从上幼儿园起就非常喜欢画画，接下来她还打算申请进入学校美术社，学习国画。

小莉沉浸在新鲜的高中寄宿生活带来的“自由”和丰富多彩的校园生活中，但她对自己的未来缺乏明确和清晰的目标，缺乏立足眼下、眺望未来的系统思考和长远规划。

案例二 学习任务太多，忙不过来了

小明没想到自己也会“沦落”到抄作业的地步。他在初中时很勤奋，虽然比其他同学学得慢一些，但也还能跟得上进度。可是自从上了高一，他感觉就不只是慢一点点了。从周一到周日，他每天都在赶时间：做笔记、赶作业、写作文、背英语单词，就连从宿舍到教室都是一路小跑……可即便这样，他还是顾此失彼，完成这科完不成那科，甚至作业都写不完。好几次，他真想直接抄答案算了。有一次周末在家，他很痛苦地发现，就连抄答案的时间也不够了。

小明是一个典型的勤奋且埋头苦干的孩子。由于被动跟学，他每天的时间都被填得满满当当，但明显缺乏计划性，属于“脚踩西瓜皮——滑到哪儿算哪儿”的情况。

所以，小明虽然勤奋努力，但对于容量大、难度高的高中学习缺乏科学的规划，只是被动地跟着老师和课程表走，缺乏主动性和自主性，导致身心疲惫。

了解孩子

和初中相比，高中课程的学习更全面、更复杂，也更深入。孩子在高一年级的学习适应性，对整个高中时期的学习和身心发展，甚至对更长远的人生发展，都有着至关重要的意义。

高中阶段的学习有几个明显区别于初中学习的特点：一是学习任务量增加，二是学习内容的复杂度和难度增大，三是对学习的考核和评价的要求更高、意义更重大——不仅有合格性考试，还有高考。可以说这是大多数孩子人生中最重要的分水岭之一。

因此，高中的学习对孩子提出了新的挑战：在初中，跟着老师的课程进度走，上课认真听讲、课后认真完成作业，考试前按照老师的部署认真复习，大多数孩子都可以取得好成绩；但到了高中，如果还只是保持这样的状态，就显得力不从心了。这也就是为什么有不少孩子在初中时成绩很好，到了高中同样认真学习而成绩却迅速下滑的原因。仅按照课程进度按部就班地完成老师布置的任务是远远不够的。想要快速适应高中学习状态，孩子应该对自己的学习有更科学的规划、更系统的安排、更高效的学习方法和习惯、更理性的自我反省以及更及时的自我调节。

高一年级的孩子对未知事物多表现出强烈的好奇心，对参与社会活动和学校的社团活动有高涨的热情和积极的行动。这个年龄段是培养孩子走向社会，主动学习生存本领和社交技能的好时机。

孩子对自己感兴趣的事情投入大量的时间和精力的同时，对学业所付出的时间和精力可能就会相应减少。由于社团活动的生动有趣与学业任务的繁重艰难形成了强烈的对比，孩子在这个阶段很可能会沉溺于丰富有趣的社团活动，而对学习有所逃避。社团活动对孩子的成长固然有积极意义，但如果把过多的精力投入其中，甚至为了社团活动耽误了学习，那就得不偿失了。

实施指南

了解了高中学习的特点，我们应该如何帮助孩子尽快适应高中学习呢？指导孩子学会科学安排时间和精力是非常有必要的。在高一阶段，孩子应该明确长远的目标，比如考上怎样的大学或将来想拥有怎样的工作，让自己的努力和付出有明确的方向，才不会随兴地把时间和精力盲目地花费在当下的“兴趣”上而耽误学业。

1. 帮助孩子确立目标

好的目标大致有以下四个标准：

（1）目标应由孩子自主确定

自主意味着目标能体现孩子的意愿、兴趣和梦想等。

有位家长希望孩子将来考上西南政法大学的法学专业，念叨着这个学校有多么多么好，法学专业又是多么符合孩子的性格……即使家长的分析的确有理，但假如这个目标只是家长的一厢情愿而非孩子的梦想，那么这个目标的力量就很有限，不但不能激发孩子学习的动力，反而还有可能会适得其反，导致孩子产生逆反心理。

同样，催促、逼迫或者以自己的经验替代孩子制订的学习目标和计划，也是不符合这个标准的。

（2）目标的实现要有一定的难度

毫无挑战的目标对激发孩子的学习动机没有帮助或者帮助很小。好的目标，应该符合“跳一跳，够得着”的标准。需要做出努力，感觉到有达成的希望，同时也有一定挑战。

（3）目标是具体的、可视化或者可量化的

对于学科学习来说，学习目标应该是具体的，甚至可以具体到对某个知识点的掌握达到怎样的程度。美国某教育机构曾提出“精熟学习法”，对学生学习数学知识点提出了这样的目标：应用这个知识点完全正确地连续解答 10 道相同或相似的题目。这个学习的目标就是非常具体且能够量化的。

（4）好的目标往往与可行性很强的计划相匹配

计划是实现既定目标的可行的行动指南或方案。目标指明行动的方向，好的目标是可以通过努力实现的。比如，数学科是目前成绩最弱的一科，成绩仅超及格线 5 ～ 8 分，那么孩子可以把目标定为“用一个学期的努力，使数学科的成绩超出及格线 10 ～ 12 分”。我们还可以和孩子一起分析孩子自身情况，让孩子制订一份“学期数学提升计划”。

第一，加强预习。除了保持以前的预习方法（提前看课本并完成课后练习），还要在每个周末抽出 1 个小时，对下周要学习的内容进行整体预习。

第二，向高手学习。每周争取向班上数学成绩优秀的同学至少请教 3 个问题。注意观察自己和他们思维之间的异同，学习高效的思维方式和学习方法。

第三，强化训练，精熟达标。对于新学的知识点，除了完成老师布置的作业，还要自行补充练习资料，正确完成与课本例题相同或相似的题目。

第四，整合知识结构，系统复习。用思维导图整理所学的知识点，把知识点之间的关联用关键词和连线描述出来。保持每个月更新一次“知识地图”。

可以看到，这是一个紧紧围绕“如何通过一个学期使数学成绩提高”可行性很强的行动方案（计划），它既明确地规划什么时间做什么，又有具体的方法说明每件事情该怎么做。

2. 引导孩子制订目标和计划

（1）寻找契机，积极引导

好的目标，是需要孩子积极思考并自主确立的。我们要耐心倾听孩子的想法，积极引导孩子思考适合自己的目标。

“三月三”假期的旅行

广西“三月三”假期里，小江和妈妈一起从南宁出发，乘3个小时的动车回老家看望外婆。这是一次难得的旅途。看着窗外大片金黄色的油菜花，妈妈似乎不经意地问小江：“小时候，你经常画这样的花吧？”

“是啊。不过我画的没有真实的花好看，自然界的颜色比颜料调色好看太多了！”小江的眼中闪过一缕光。

“妈妈知道你真的很喜欢画画，你将来还打算画吗？”妈妈眼里饱含着鼓励。

“我还可以画吗？你不担心我画画耽误学习吗？”小江小心翼翼地问。

“画画本来就是一件非常好的事情呀！既可以成为谋生的本领，画得好的话还可以成为艺术家呢！当然，如果只是画着玩儿，和你未来的想从事职业方向关系不大，那就看你怎么安排时间才不耽误学习了。”妈妈的语气传递着信任和期待，小江也被鼓舞了。

接下来的旅途，母女俩的对话越来越愉快，充满了对未来的期待和憧憬。

“你真的想要把画画发展成职业吗？”

“想！我真的很喜欢画画！”

“那么，是走普通高考的路线还是艺考更好呢？”

“我想走普通高考生的路线，毕竟我的成绩不算差，文化课有优势。”

“高校的美术专业，通常分为专业美术学类和设计学类等方向，你倾向于选择哪个方向呢？”

“当然是设计类的。我想要学设计，我想我将来会是一位很好的服装设计师！”

“我们一起上网查一下哪些院校开设有设计学类的美术专业吧！”

……

“哇，有这么多学校！”

“你觉得应该把哪些学校锁定为你的目标学校？”

“嗯……我得了解一下每个学校的要求。”

“看来有三个级别的学校可以选择。根据目前的成绩，你会首选把哪个级别的学校列为自己的目标呢？”

“嗯，我选择东华大学吧！不过我现在的水平和这个学校的要求也许有一段距离，但是，我想我应该拼搏一下！”

小江查询了东华大学美院服装设计专业近三年在广西的录取分数，不仅专业考试要求不低，文化课考试中文科类每年还得超过一本线 10 分左右，而理科的录取线则在一本线上 30 分左右。小江就读的是示范性高中，学校的整体教学水平较高，假如她的高考分数能超过一本线 10 ～ 30 分，那么她被非艺术类专业录取的可能性较高，这也符合她的学习水平和能力。而美术专业课的学习就有较大的挑战了。小江查看了过去 3 年东华大学的考题和网上历届艺术考生的分享，认识到如果要实现自己的目标，专业学习时间一定要有保证，并且应该现在就开始行动：高一至高二的周末和周一至周五的晚上用来学习美术专业课程，同时还要保证文化课学习跟得上，每天校内的时间就要抓得很紧，简直就要分秒必争。

两周后，小江做出了一张时间计划表。这张计划表里虽然少了一些社团活动，但是多出许多自己热爱的美术学习的时间。她还把每个课间和下午的活动课划分成每 5 分钟、每 10 分钟等一个个细小而紧凑的时间单位。

制定目标和计划后，小江开启了快节奏的高效生活。看着这张计划表，小江的内心就多了一种神奇的力量，这种力量让她每天都充满期待，步伐变得更加坚定。

小江的妈妈是一位非常用心地寻找契机引导孩子确立目标的家长。在引导孩子制订目标时，我们要尊重孩子的梦想和追求，鼓励和信任孩子去表达自己内心的愿望。

（2）用好榜样的力量

很多孩子不太乐意和父母交流，所以哪怕我们自己有很好的想法，也很难跟孩子沟通。对于这种情况，我们可以尝试巧妙地借助身边的资源，鼓励孩子寻找身边的榜样。

相比知名度很高的公众人物来说，孩子身边的榜样产生的影响力或许会更大，如邻居哥哥姐姐、父母同事朋友的孩子、学校里的学长等。由于相互认识或熟悉，他们对孩子的影响也就更为直接。可以请孩子讲讲学校里成绩优异的同学的故事，邀请他们到家里来做客，让孩子了解他们是怎样确立自己的目标并一步步实现的。

有个孩子跟案例二中的小明一样，非常勤奋却成绩不理想，在学习中顾此失彼，往往感觉时间不够，每天身心俱疲。有一次他在爸爸的同学会上认识了一位在读大一的学长，两人相谈甚欢。当学长从手机图片里找出他当年的学习计划时，这个孩子被震撼了——原来“学霸”的计划里，每一个事项都被安排得井井有条。

这位学长的计划主要有三点。一是动静结合。“动”即读读讲讲，“静”指安静阅读和解题。二是张弛有度。计划并非满满当当地全是学习，还有用彩色笔标出做“5 分钟站立式全身拉伸”或“5 分钟坐立式放松冥想”的时间。三是紧扣目标。如果这个阶段要冲刺数学提分，那么时间分配上就要显示出对数学的时间倾斜：每个周末多安排 1 个小时进行整周提前预习，每个月安排 1 个小时对数学的“知识地图”进行更新和升级，等等。

（3）示范自己的目标管理和行动方案

假如家长很擅长制订目标和计划，可以把自己的经验及时分享给孩子，向孩子示范如何使用目标管理并科学地制订行动方案来提高效率。

即使我们的目标和计划并非针对学习，但是我们在工作和生活中良好的习惯和做法同样能影响到孩子，让他们得到启发和帮助。例如，我们为旅行或节日活动而制订的计划、个人设定的阶段性工作目标（任务）以及实现目标（达成任务）的行动方案等，可以跟孩子分享自己在制订计划并实现目标的心路历程。无论是积极引导、借力榜样，还是家长的示范和分享，都需要注意以下几点：

①不要替代和控制。注意避免把自己未竟的目标或者梦想强加给孩子，想当然地认为孩子应该拥有和自己一样的追求和理想。

②加强自身的学习。积极了解孩子的学习情况，了解社会发展的趋

势，包括高考改革、大学专业、就业趋势、年轻人的喜好、新思潮等。

③建立良好的亲子关系。积极倾听，充分尊重、信任和鼓励孩子。对孩子来说，良好的亲子关系就是对他们最大的支持。

引导孩子养成自主学习的习惯

案例分析

案例　成绩急剧下滑无法接受

小文在初中时成绩优异，但才经历高中第二次月考就备受打击：初中考得还不错的数学，在高中第一次月考时险些不及格，而第二次月考时甚至更差了……她感觉到从未有过的压力和焦虑，甚至产生了强烈的自我怀疑：初中时能取得好成绩，到了高中为什么就不行了呢？

小文显然没有找到高中学习的规律，也没有掌握适应高中学习的方法，这是高一孩子普遍遇到的问题。上了高中，不少孩子明显感受到一山更比一山高，在整体水平较高的重点学校更是高手云集，这种变化对孩子的心理适应能力提出了更高的要求。小文过于看重分数，导致她的学习热情和学习动机随着分数的下降而减弱。

了解孩子

较初中而言，高中的学业任务更重，难度更大。孩子们在初中形成的学习方式，不一定适用于高中。

在初中，各科学习的重点、难点和考点，老师在课堂上基本都能讲透，孩子理解起来也不算困难，课后老师布置的作业量也是适中的。所以，孩子如果能跟得上老师的节奏，学透重要的知识点，一般都可以把功课学好。

但到了高中，各学科的知识点数量和学习难度都大幅增加，老师能在课堂上讲的知识点可能只是少部分或者重难点，更多时候需要靠孩子多下功夫读透课本，甚至做相应的课外延伸。对于高中的功课，我们可以理解为：①知识容量大，课堂时间有限，老师的课堂教学往往是大容量快节奏的。善于学习的孩子在课前会主动预习，系统了解新知识。②要注意在课堂上认真听清老师所讲的知识点，注意把握基础概念等要点。对基本的概念一定要认真听讲，深刻理解透彻。基本概念看似简单，却往往是突破难点时最有效的、最重要的内容。比如，初中和高中都学习的三角函数，高中三角函数知识点最大的变化不是公式变多了，而是基础概念扩大了。三角函数的取值范围从初中的 0° 到 90° 角扩大到任意角，也就是从负无穷到正无穷，但是 $\sin A=a/c$，$\cos A=b/c$，$\tan A=a/b$ 基本概念没有变。要想把高中的三角函数知识学好，最重要的是要在基本概念的基础上再掌握“标准圆”和“单位圆”这两个新概念，把这两个概念弄清楚，整个高中三角函数的知识点就能够迎刃而解，不管它怎么变都能从容应对[①]。

在深刻理解了基本概念的基础上，课后还要及时复习，学会搭建自己的知识系统，学会系统思考。当学习某个知识点时，不仅要了解这个知识点本身的意义，还要了解这个知识点与其他相关的知识点及知识系统之间的关联和规律，这就是系统思考。

① 李晓鹏：《学习高手的三驾马车》，中国城市出版社，2010，第 91-97 页。

如果孩子在初中阶段掌握了把握规律和系统思考的学习习惯，那么到了高中一般都会有较好的学习适应性。但大多数孩子在初中阶段时仅凭对老师所讲知识的理解和良好的记忆力来应付学业，并没有养成课前课后自主预习和复习的好习惯，也没有养成多问几个“为什么”、把握规律和系统思考的习惯。当孩子按照同样的方式来学高中的功课时，就会遇到很大的困难。

高一的孩子，有些没有找到高中学习的规律，没有养成自主预习、课上听懂要点，课后及时复习、提炼规律和系统思考的学习习惯；有些由于缺乏计划性，所以造成顾此失彼，学习被动落后。如果更深一步思考，我们还会发现，孩子学习顾此失彼也有继续沿用初中学习习惯的原因，没能适应高中学习的要求，因而常常疲惫不堪。

实施指南

孩子在高中阶段培养和发展自主学习的习惯非常重要，也是孩子适应高中学习的重要任务。

一、高中的孩子应该养成哪些自主学习的习惯

1. 自主规划，科学预习

孩子在高中时更有效的预习应该是自主规划的，这与初中和小学阶段的差异较大。孩子要明白自己了解应该提前学什么、怎么学、用什么教辅材料和工具、每一科预习应该用多少时间等。

有个孩子的英语预习计划是这么做的：跟读课文，背下单词短语，结合工具书自学语法，阅读相似课外读本（3 篇），培养语感。而另一个孩子的预习方法就相对简单，他在课前只做一件事：背诵和默写课文，而在课堂上只要注意听老师讲语法、重点句型的用法就够了。那么，哪

种方法更好？其实，适合自己的就是最好的。

同样，在遇到困难时，是应该问同学，还是问老师，还是自行查工具书，或是回家上网查询呢？其实每一种方法都各有好处，我们要做的就是鼓励孩子根据对自己的了解，设定符合自己学习特点的预习方案。

了解自己的学习特点，根据自己的实际情况合理地规划预习方式，并将良好的预习发展成习惯，这是高一孩子都应该掌握的学习技能。

2. 把握规律，系统思考

这是指课后及时提炼所学知识的重要内容和核心信息，通过对知识点的本质的深刻理解，系统关联各个知识点，从而深透地了解知识点之间的内在规律和关系。那么，孩子应该如何提升“把握规律，系统思考”的能力，并发展成自己的学习习惯呢？以下三个方法可以参考：

（1）提炼要点法

把课本、听课笔记和阅读理解的文本等内容用关键词和关键句的方式将重要信息提炼出来。提炼要点的形式可以是书本标注式的笔记、思维导图上的关键词、康奈尔笔记法的左侧要点提炼区的关键词等。

（2）“费曼技巧”

这是以美国物理学家、诺贝尔物理学奖获得者费曼的名字命名的学习方法。这种方法是用自己的话复述所学知识的要点，尽量少用术语而多举例子、多用通俗易懂的语言转述。

孩子学习了新知识并能用自己的语言输出，意味着他对这个知识点已经能够深度理解和自主加工，形成了自己的认知。

（3）“2W2H 四问四答”法

Why：我为什么要学习这个知识？

提出这个问题可以引发孩子对所学知识的积极思考和探索。当孩子产生了疑问并且积极地寻求答案时，他就已经把自己投入主动学习的状态中了。

What：所学的知识是什么？

回答这个问题，和前面所说“提炼要点”和“费曼技巧”是同样的思维训练过程。

How：应该怎么学习这个知识？

这个思考是关于学习方式的。比如，是通过阅读课本，还是刷课后习题？是大声朗读，还是无声默写？这和前面说的“自主规划”也有相通之处，都要求孩子对自己的学习方式有所了解，根据自己的学习风格和喜好规划学习。

How good：学了这个知识有什么好处？

探寻这个问题的答案既可以加深孩子对所学知识的意义的了解，也可以提升孩子对知识应用产生更广泛和更系统的思考。当孩子对所学知识的意义有清晰的认识时，他的学习行为将更加积极、更持久，也更有力量。

以上介绍的学习方法对孩子提升学习能力有帮助，但更重要的是孩子能坚持应用，并养成自主学习的好习惯。养成自主学习的习惯，孩子也会因此习得受益终身的学习力。

3. 自我测评，达标过关

这是指孩子根据自己的学习目标实施相应的学习计划后，对学习成果是否达标进行自我检测的过程。

自我检测的方式有很多，比如借助教辅资料完成达标测评题目，对照课程目标的要求进行自我评价，自己设计模拟考试进行评估，等等。像预习一样，其关键点还是“自主”。区别于“应对考试”等被动行为，“自主”的力量是孩子的内在驱动力，对孩子的学习来说意义更大。

二、如何帮助孩子养成自主学习的习惯

无论出发点多么好，以催促、替代或批评指责等行为干预孩子的学习，都有可能会打压孩子的学习自主性，引起孩子对学习的逆反心理甚至厌学。因此，我们应该尽量做到以下几点：

1. 传递对孩子学习的信任

家长的担忧、催促，甚至以“激励”和“关心”为由的过度干预，都会无形中给孩子增加学业压力，特别是对于正处在高一适应困难时期的孩子来说，这样做不但不能激发孩子的自主性，反而形成了阻碍。

适度放手，信任孩子，可以有效减缓孩子学习适应的焦虑，起到良好的激励作用。

2. 积极倾听，表达对自主学习的关注和欣赏

引导孩子多讲讲所学功课的内容和收获，倾听孩子的学习过程，对孩子自主性的学习习惯给予肯定和欣赏。下面是一段父母和孩子的对话，我们可以感受到父母对孩子自主性的肯定和欣赏。

父母：孩子，你买的这本书（教辅资料）是老师布置要买的吧？

孩子：是的，老师建议我们买的。

父母：是用来做作业的吗？

孩子：不是，我们老师不布置这样的作业。

父母：那你打算怎么用（这本书）呢？

孩子：我在计划预习的时候用，书里的重点归纳得特别好。我每次预习都会先看看这本书的“要点提炼”部分，然后再做课本上的例题，等我把课本上的例题弄明白了，再做一些这本书的相似题来巩固……

父母：听起来你自己对预习很有规划呢！

孩子：当然了，我是高中生了嘛！

3. 使用描述性的表扬和批评，多关注孩子学习的内容、过程和方法

当孩子取得好成绩时，我们可以根据平时对孩子学习情况的了解，用描述性的表扬给予肯定。比如，描述自己所看到的、听到的事实以及自己的真实感受：“这次月考成绩很不错呢！这和你每周认真规划预习并且坚持执行自己的计划有非常大的关系，妈妈真为你高兴！”“哇，这么难的题目你都能解出来，看来你坚持做的‘提炼要点’工作很有成效呀！”……也可以有意询问孩子：“真棒！你是怎么做到的呀？”认真倾听孩子，我们就更会由衷地肯定和表扬孩子的学习过程、方法和习惯。

4. 做好示范和榜样

同样，我们也可以把这些方法和习惯应用在自己的工作和学习中。比如，“自主规划，科学预习”可以形成“凡事预则立”的良好的行动准则；“把握规律，系统思考”更是广泛地适用于日常的阅读、写作、沟通等方面；“自我测评，达标过关”也同样适用于工作和生活的多个方面和领域（如妈妈的减肥计划、爸爸的存款方案、全家的发展规划等）。

引导孩子培养学习动机和学习情感

案例分析

案例　努力学习却没有进步

小静是个自律且努力的女生。她从小喜欢画画和下棋，也常常在学校的文艺会演上表演节目。但到了高中，原本在小学和初中时学习成绩不错的她变得闷闷不乐。她觉得自己越来越跟不上老师的上课进度，成绩也只是刚过及格线而已。而小静的父母也很舍得给女儿购买教辅资料，觉得只要训练量够了，成绩就自然会有改善。

但令小静苦恼的是，自己的成绩怎么都提不上去。初中时，爸爸妈妈说哪一科难在哪一科上多下功夫；但到了高一，几乎每一门课都很难，她觉得很对不起爸爸妈妈。无奈、愧疚、沉重，是小静面对学习时最常有的心情。

可以说，小静的学习体验是被动而低效的，她缺乏对学习过程的积极感受，更多的是为了学习的结果（成绩）而感觉沉重和压力。小静对学习的“投入”较大（时间、金钱、精力、体力等），而“回报”（成绩）却并不理想，因此她对学习的价值也产生了怀疑。

了解孩子

1. 孩子的学习动机的相关因素

学习动机是一种激励在学习上积极主动，并且持续投入努力和热情的力量。学习动机与许多因素有关。美国教师教育专家 J. 布罗菲在《激发学习动机》一书中，用一个公式来解释学习动机理论：动机 = 期待 × 价值。

“期待”指老师和父母对自己学习方面的信心，即他人对自己在学习上的预期，也可以理解为“信心”。比如，“这孩子天生不是学习的料”这话里对孩子的学习的期待就很低，对孩子在学习上的成就预估值很低。父母和教师的期待对孩子形成自我期待有很大的影响，孩子几乎是在父母、老师以及对自己影响重大的人（如重要的长辈、好朋友等）的期待中形成自我期待的。如果孩子认为自己“不是读书的料”，那么这个结论里一定有许多来自父母和老师长期负面的评价。相反，如果孩子认为自己在学习上一定能够有所成就，就会通过“虽然难一点，但我一定能学好”这样的想法来鼓励自己学习，而这种自信是与父母、老师长期以来以各种方式（如作业评语、考试分数、对于考试分数的结论和归因等）对孩子给予坚定的肯定和支持有关的。

“价值”，体现在“学习有什么用”“学好了有什么好处”等。有些价值感是近在眼前的，比如当孩子刚刚学会了一个物理学原理，就可以在外出旅游时给爷爷奶奶解释动车为什么可以跑那么快，使爷爷奶奶开阔了眼界，这种成就感就会激励孩子继续努力学习。孩子因取得了好成绩而得到了激励（如夸赞、奖状带来的荣誉和同伴的羡慕等），会对学习产生更高的价值认同感，即认为学习是有价值的、有用的。

这两个因素以相乘的关系决定着孩子的学习动机水平，即其中任何一项的水平低，动机水平就低；若二者水平均高，动机水平也同样高。

2. 有效提升自信心的学习方式

题海战术不但难以提高成绩，反而容易伤害学习动机和学习情感。李晓鹏在《学习高手的三驾马车》一书中提到，好的方法有很多，如果学不了那么多，那就要“从简单的地方开始”了。“从简单的地方开始”指的是“看书挑简单的看，做题挑简单的做”。越是学习任务繁重，越是到了复习和迎考的高压阶段，就越是要注意避开那些“硬骨头”。“做起来让你感觉轻松愉快的题目才是最适合你的。”要从解简单（基础）的题目、从自己比较有把握的科目和内容着手开始学习。

“从简单的地方开始”既是一种方法，也是一种思想，它体现了成就感和自我激励在提升孩子的学习成绩方面的重要意义。这种方法的有效之处在于：第一，日积月累地坚持，一定会有进步。第二，尽可能多地做自己感觉中等或中等偏下难度的题目，做得熟练了，必然会有提高。题目的难度可以随着熟练程度的变化而调整。第三，学习的乐趣来源于学习本身的成就感——这一点最为可贵。

成绩优秀的孩子都有一个重要的心理特点，就是更善于自我激励，他们会让自己总体保持良好的心理状态。他们给自己创造成功的机会，让自己处于乘胜追击的状态并越战越勇。

对于为学习成绩苦恼，特别是在学习上找不到动力、缺乏学习热情的孩子，我们应该指导孩子及时反思，通过完成简单的任务而获得学习上的成就感和胜任感，从而激励自己在漫长的学业道路上更稳、更自信地走下去。这一点对于高一的孩子尤其重要。

3. 有效提升学习价值感的激励方式

在上一节的案例中，小文的关注点在于分数，陷入了因成绩的不理想带来的焦虑、自责和自卑的负面情绪中，以至于没能将自己的注意力转移到对试卷的分析上。

分数提高，孩子的动机水平一般也会随之上升；分数下降，孩子的学习动机也就有可能随之下降——这样的外部激励会影响孩子对学习本身的关注、兴趣和用心程度。对提升学习价值感而言，有效激发学习内部动机的方法和途径一般有以下三个特点：

（1）符合孩子自主的需要

经过孩子自主计划和决定的，才是孩子最有动力，也是最能投入努力的。

（2）符合孩子关联的需要

关联，即与他人合作。相对于独自埋头苦干来说，高中年龄段的孩子更倾向与他人沟通交流，包括共享努力的过程和内心体验。孩子们应维持相互支持、相互鼓励、并肩作战的同伴关系，过度竞争容易导致孩子原本可以更多地投入到对学习过程的关注，却分散到对分数的关注和计较。

（3）符合孩子能力发展的需要

“跳一跳，够得着”可以说是“能力发展”的另一种描述。如果跳一跳仍够不着，或者根本不需要跳也能轻松够着，就说明无论是目标定位还是当前任务都不适合孩子——孩子要么学得太难想要放弃，要么过于轻松就能达到而失去进步的动力。

综上所述，外部激励短期有效但不稳定，使用不当就有可能挫伤孩子的自信，因此要慎用；而激励孩子学习的内部动机的方法应该符合自主、关联和能力发展三个特点。

实施指南

了解了学习动机的原理后，帮助孩子提高学习动机的难题就迎刃而解了。那么，我们应该如何帮助孩子培养学习动机和维持积极的学习情感呢？

1. 帮助孩子提高学习自信心

要让孩子对学习有信心，就要提升孩子的学习动机。比如，当孩子成绩进步时要及时给予鼓励；更关注孩子努力学习的过程，即使考试成绩不理想，也应该积极地肯定和鼓励孩子为学习付出的努力。

我们还要全面观察和了解孩子，帮助孩子发现自己的优势和特长，并给予及时的鼓励和认可。比如在“‘三月三’假期的旅行”中，小江的妈妈就很了解女儿在绘画方面的特长并给予肯定和引导。特别是现在高一的孩子面临着新高考改革带来的文理科选择的难题，面临着高中学业高难度大容量的挑战，他们需要更全面的自我认知和自我肯定，来转化为在学业上的长足动力和学习热情。

2. 引导孩子树立正确的学习观

我们要引导孩子把对学习的关注尽量放在学习的内容和过程上，不要过于在意分数。试比较以下几种对考试成绩的回应：

孩子：“妈妈，我这次数学只考了 132 分。”

你的回答 1：“怎么搞的，丢了 18 分那么多！”(关注分数)

你的回答 2：“看起来不错嘛。只丢了 18 分！”(关注内容)

你的回答 3：“你对这个分数满意吗？”(关注孩子的感受)

你的回答 4：“真不错！离满分只差 18 分！如果下次想要考更好，你打算怎么办呢？”(关注方法)

可以看出，如果我们想帮助孩子激发学习的动机，维持学习的热情，应尽量对孩子的学习内容、感受和方法表现出更大的兴趣，而不要对分数表现出过度的关注和焦虑。

延伸拓展

阅读推荐

›› 1.《激发学习动机》(著者:[美]J.布罗菲,译者:陆怡如;出版单位:华东师范大学出版社)

本书以“动机 = 期待 × 价值”这个简单的公式解读了“学习动机”这个不简单的概念,以翔实的心理学和教育学研究成果为依据,以大量的教学案例为佐证,为教师和家长提供了提升孩子期望水平和价值感、激发孩子学习动机的有效策略。

›› 2.《学习高手的三驾马车》(著者:李晓鹏;出版单位:中国城市出版社)

书中讲述了一个高三的孩子提升成绩的故事。全书以这个故事为核心内容,同时还介绍了利用古诗词、历史和数学公式的背诵记忆法,以及时间以少变多的解决方案、各科解题规律和“三遍读书法”等时间管理策略,具有趣味性和可操作性。

›› 3.《如何学习》(著者:[美]本尼迪克特·凯里,译者:玉冰;出版单位:浙江人民出版社)

作为在《纽约时报》从事健康与科学报道逾 30 年的科学记者,作者将新研究成果与生活实践相结合,总结出了一套颠覆传统的高效学习法。书中运用神经科学、脑科学和认知心理学知识,从大脑的学习机制讲起,探寻记忆的真相、环境的影响、灵感和顿悟的产生,以及潜意识的奥秘,告诉读者何时学,在哪儿学,怎么学才能更轻松、更高效。

> >> 4.《怎么说孩子才肯学》（著者：[美] 阿黛尔·法伯、[美] 伊莱恩·玛兹丽施，译者：安燕玲；出版单位：中央编译出版社）

本书探讨了“在这个充斥着各种娱乐和享受而又自由反叛的年代，如何激励孩子在学习上拥有最大积极性”的问题，特别是在激励孩子进行自我监督、自我约束和热爱学习方面，给出了一套切实可行的方法。

评估改进

一、自我评估

测测你对孩子的激励水平。

（1）你会在行动之前制订目标。（ ）
A. 总是 B. 常常 C. 有时候 D. 从不

（2）你会在行动之前制订科学可行的行动方案。（ ）
A. 总是 B. 常常 C. 有时候 D. 从不

（3）你倾听孩子讲述他（她）的学习计划。（ ）
A. 总是 B. 常常 C. 有时候 D. 从不

（4）你了解孩子的学习计划并给予建议。（ ）
A. 总是 B. 常常 C. 有时候 D. 从不

（5）你会用描述式的语言来表达对孩子学习过程的肯定。（ ）
A. 总是 B. 常常 C. 有时候 D. 从不

（6）在系统思考方面，你是孩子的榜样。（ ）
A. 总是 B. 常常 C. 有时候 D. 从不

（7）你在工作和生活中重视探索和提炼规律。（ ）
A. 总是 B. 常常 C. 有时候 D. 从不

（8）你会通过给予奖金等物质方式奖励孩子。（ ）
A. 从不 B. 有时候 C. 常常 D. 总是

（9）你会与孩子讨论提高学习成绩的方法。（　　）

A. 从不　B. 有时候　C. 常常　D. 总是

（10）你认为学习成绩是孩子最重要的评价指标。（　　）

A. 从不　B. 有时候　C. 常常　D. 总是

【评估参考】

选择 A、B、C、D，依次得 4 分、3 分、2 分、1 分。

总分 32～40 分：你对孩子的学习激励水平很高，了解孩子的学习规律，在生活中善于以自身的表率作用对孩子的学习给予有力量的激励和实质性的帮助。

总分 26～31 分：你对孩子的学习激励水平较高，比较了解孩子的学习规律，能够客观评价孩子在学习上的表现。

总分 20～25 分：你对孩子的学习激励水平一般，不太了解孩子的学习规律，在生活中以身作则热爱学习等方面的表率作用有待提高。

总分 20 分以下：您对孩子的学习激励水平较低。不了解孩子的学习规律，过于重视孩子的分数，激励孩子学习的方式方法有待优化。

二、改进计划

表 3.1　改进计划表

序号	我的收获	我的改进行动
例	通过学习“注意对孩子的学习不要替代和控制”，我明白了哪怕有再好的主意和想法，也不要剥夺和取代孩子对自己的学习进行自主规划的机会。	1. 相信孩子，鼓励孩子向老师等经验丰富的人请教，制订自己的学习和行动计划。 2. 倾听孩子，鼓励孩子大胆说出自己的想法和困惑。 3. 学习凡事先制订合理的计划和行动方案并努力完成，然后和孩子分享，做有计划、有方案的表率。

续表

序号	我的收获	我的改进行动
1		
2		
3		

高中一年级下册

第四专题 如何引导孩子做一名愉快的高中生

你的孩子有过这样的情况吗？孩子在初中时，整天嘻嘻哈哈的，仿佛永远长不大；升入高一后，就好像变了一个人似的：有时沉默寡言，不想和别人说话，只想一个人安静地待着；有时垂头丧气，整天无精打采，一个人偷偷掉眼泪；有时情绪暴躁，无缘无故地发脾气，常常感到失落和懊悔；有时面无表情，做事心不在焉，表面上对优秀的同学表示不屑，心里却很焦虑和不甘……

面对孩子的情绪变化，我们是不是总给孩子灌输一些大道理，给孩子施加压力，甚至挖苦、讽刺？是不是自以为解决了问题，实际上却让孩子变得更加不快乐？

专题目标

1. 引导孩子调整自己的高中生活方式，解决升学后出现的新困惑。
2. 帮助孩子克服嫉妒心理，学会调适情绪，积极参与良性竞争。
3. 引导孩子了解与抑郁、焦虑等相关的知识，学会情绪管理。

帮助孩子解决升学后的新困惑

案例分析

从初中升上高中，孩子不仅面临学习环境、学习任务和学习内容的变化，还面临着人际关系的重建和对新环境的适应。有的孩子不适应寄宿制生活的作息节奏，导致上课昏昏欲睡；有的孩子难以融入新集体，交不到知心朋友，经常怀念初中的同学……这时，他们往往会感到茫然，没有安全感，从而产生焦虑。每个孩子都需要一段调整自己原有知知和行为的过程，以便更好地适应高中生活。这个阶段的孩子面临的困惑主要有以下几个方面：

1. 学习压力问题

①为什么时间总是不够用？我会不会跟不上？

②面对弱科，我该如何应对？如何选择适合自己的选修科目？

③怎么才能考上好大学？什么大学适合自己？我以后从事什么职业好呢？

④我现在每天都好像过得毫无意义，怎么办？

2. 睡眠质量问题

①总感觉睡不够，躺下后却难以入睡，有时还失眠，怎么办？

②舍友聊天、吃东西、上厕所，影响我休息，怎么办？舍友打呼噜，弄得我整晚睡不好，白天上课时又打瞌睡，怎么办？

③大家的起床时间不统一，起床早的同学在走廊里大声喧哗，影响我睡觉。有时起床气很大，想发火。

④宿舍管理人员在我快睡着时，在宿舍门口敲门、打手电筒；同学

们在楼梯口聚集说笑，影响我的睡眠，怎么办？

3. 同伴关系问题

①进入新班级后，由于对新环境不熟悉，我经常想念初中的同学，怎么办？

②我就是喜欢独处，不喜欢和别人接触，为什么别人说我孤僻？为什么我总是交不到知心朋友？

③我经常想发脾气，而且控制不住自己，经常和同学发生矛盾，怎么办？

④和异性在一起时，我会感到非常害羞和不自在，怎么办？

十六七岁的高一孩子面对这么多的问题与困惑，又怎么能快乐得起来？作为家长，我们一旦发现孩子的情绪持续低落，就要及时了解孩子产生这些困惑的原因，可以陪孩子说说话，鼓励孩子把心里的想法说出来，从而进行积极的引导。

案例 吵闹的宿舍

周六上午，芳芳妈妈特意做了一桌好菜，盼着住校的女儿回家吃饭。没想到，芳芳回来后眉头紧皱，无精打采地吃了几口就要回房间睡觉。这可把妈妈担心坏了：女儿刚上高一，难道遇到什么麻烦了吗？

“芳芳，怎么今天不太高兴呀？”妈妈和颜悦色地说，“是不是有什么不开心的事？你愿意和妈妈说说吗？如果你想一个人静一静，妈妈就出去，你先好好休息。”“妈妈，我不想住校了！”芳芳红着眼圈说，“晚上宿舍太吵了，我提醒了人家也不听。还有个舍友打呼噜，弄得我整晚都睡不好，白天上课提不起精神。我该怎么办啊？”妈妈笑着说：“你看这样行不行，我和你们班主任沟通一下，试着解决这个问题，怎么样？”

“我们会加强宿舍纪律的管理，尽快找出解决的办法。请您放心！”听完班主任的答复，芳芳的眉头舒展了。妈妈提议道：“走，我们去公园散散心，晚上你爸爸还要带你去吃好吃的呢！”“太好了！我也要带一些分给宿舍的同学！”芳芳高兴得跳了起来。

芳芳妈妈的做法是值得提倡的。她及时关注孩子情绪上的细微变化，以平等的姿态跟孩子交流，及时与班主任沟通，积极解决问题，形成家校合力，并且用散步等方式疏解孩子心中郁积的不良情绪。

了解孩子

“当你不快乐时，你希望父母用哪些方式开导自己？”我们先来看看高一孩子们的心声吧！

尊重。支持我的选择，尊重我的意见，给我足够的空间。

接纳。接纳我的想法，让我感受更多的安全感。别老是强迫我不去想不快乐的事。

倾听。我也有自己的秘密和烦恼。要学会倾听我的心声，安慰我、鼓励我，给我足够的私人空间，而不是动不动就气急败坏地训斥我。

信任。请相信我能找到自身的不足，相信我一定能够走出迷茫与困境。

询问。请用平和的语气询问事情的经过，并帮助我寻找解决的办法。我需要的不是脾气，而是耐心。

支持。不要以长者自居，不要对我提过多要求，让我保持自己的正常爱好，让我做自己喜欢的事情。

沟通。如果无法当面沟通，可以发信息给我，或者把想对我说的话写下来，放在我能看见的地方，我会回信的。

聊天。多跟我讨论我感兴趣的轻松的事情，引导我调整情绪。

陪伴。花时间和精力陪伴我，以朋友的方式和我相处，跟我一起读书、学习、玩耍，不要忽略我成长中的细节。

旅行。带我感受大千世界，去看看大学的样子，让我开阔眼界、增长见识，让我拥有为自己想要的生活而努力的动力。

示范。处理好你们自己的焦虑和紧张，用实际行动为我树立榜样。如果遇到问题时连你们都烦躁、易怒，那么我也会被你们的负面情绪所影响。

鼓励。鼓励我学会放松，学会独立，学会用积极乐观的心态去面对不愉快的事，给我足够的空间。让我感受到你们在我身后的鼓励和支持。

减压。不要给我太多压力，不要老是追问成绩，而要多给我安慰和鼓励。

看完孩子们的心声，我们是不是有所启发？也许孩子们的想法略显稚嫩，但他们都非常渴望得到家长的指导和帮助。

高中的学习内容越来越难，教学进度也会逐渐加快。孩子如果没有做好充分的心理准备，就会产生时间不够用、跟不上节奏的烦恼和焦虑。此时，他们迫切需要的是老师和家长的指导，尽快化解负面情绪，更好地适应高中生活。

大多数孩子初中时住在家里，与家人接触较多，而进入高中住校后，和家人在一起的时间大大减少。同时，面对陌生的同学、老师和环境，孩子们往往难以向他人诉说心中的困惑，也就难以及时获得帮助，从而容易产生孤独感。另外，高中的集体住宿生活打破了孩子原有的作息规律。面对新环境和学习压力，孩子难免产生情绪波动。

沉默寡言、无精打采、脾气暴躁、面无表情……孩子的外在表现可能各有不同，但这些都是给我们的信号：我的孩子不快乐了。此外，还有很多孩子表面风平浪静，内心却波涛汹涌，明明不快乐，却不会轻易表现出来，或者假装很快乐，把情绪隐藏起来。

我们要了解孩子升入高一后的情绪变化，及时察觉他们发出的信号，以便更好地帮助孩子渡过难关。

实施指南

1. 指导孩子进行自我调整

平衡学习与作息、锻炼和社团活动等方面所投入的时间，以便更好地适应高中的学习生活，养成良好的生活习惯。

（1）保证睡眠质量

高中的孩子每天需要6～8个小时的睡眠时间，但有的孩子会因入睡困难或没有午睡的习惯而导致睡眠时间不足。我们可以让孩子多吃水果蔬菜，保持心情舒畅；睡前喝杯热牛奶或用热水泡脚，改善睡眠质量。如果孩子对声音和亮度比较敏感，还可以为孩子配备耳塞、眼罩等用品。

（2）做好初高中衔接

和孩子一起了解高中学校的环境、历史等，让孩子尽快适应高中生活。

（3）遵守作息纪律

学习时间变长、要上晚自习等变化，让有些孩子对高中生活产生了抵触。我们要教育孩子遵守学校作息纪律，合理安排作息时间，养成早睡早起的好习惯。

（4）养成锻炼习惯

督促孩子适当运动，如打球、跑步等，养成良好的锻炼习惯和健康的生活方式，不断增强体质。

（5）参加社团活动

鼓励孩子参加学校的社团活动，让孩子在社团活动中培养自己的兴趣爱好，促进与老师、同学的交流与合作，增强交际能力，增强对班级和学校的归属感，营造良好的学习生活氛围。

2. 引导孩子探寻高中的学习方式

高中的学习与初中时相比有明显差别，我们要引导孩子认识两者的差异，调整自己的状态，探寻属于自己的学习方式，以尽快适应高中的学习。

（1）学习态度

大部分孩子升入高中后开始了住校生活，远离父母的视线。而高中老师对学生的态度更多是平等相待、积极鼓励，与初中老师对学生的反复提醒、再三叮嘱有着明显差异。这时，一部分依赖性强、缺乏自觉性的孩子就会无所适从。我们要引导孩子制订合理的学习计划，并按完成的程度进行自我奖罚。但要注意，家长只是指导者，而不是计划的监督者，更不能是奖罚的实施者。同时，还要引导孩子寻找奋斗的动力、领悟学习的意义，而不是简单地“为了家长而学习”。

（2）学习方法

相比于初中的学习，高中要学习的知识点更多、难度更深，考核的重点也从对知识点有基本的掌握升级为能在掌握知识点的基础上加以运用，更侧重于对孩子学习能力的考核。因此，高中的学习方法也应该从初中的以记忆为主，升级为在记忆的基础上加深理解。在初中时擅长记忆知识点的孩子，如果到了高中依然使用初中的学习方法，就有可能遇到困难，产生自己非常努力却没有进步的感觉。其实，如果努力的方法不对，效率也是不高的。

（3）学习情感

根据初中的学习特点，老师们更倾向于强调尽量少丢分，孩子们因此更在乎的是自己做错了哪些题，丢了多少分。但到了高中，学习难度瞬间增大，孩子们往往掌握不好难度大的知识点，因此刚进入高中的孩子基本上都会经历滑铁卢式的“退步”。如果我们不了解高中学习的特点，只是单纯地认为是孩子没有努力学习，片面地责备孩子，就有可能加重孩子的受挫心理。

因此，我们要引导孩子在学习中更多地关注自己的收获而不是失去，关注在听课中学习了什么新知识，在练习中巩固了哪些知识点，在做题中总结了什么方法、提升了哪些方面的学习能力，而不是过分地在意“考了多少分”“别人比我多了多少分”等。只有改变思维模式，才能收获平静、积极的学习情感，才能为提升学习效率助力。

3. 陪伴孩子面对人际交往的困惑

人际交往在任何年龄段都是非常重要的，我们不能轻视人际交往对孩子的影响。当孩子在人际交往中受挫时，我们不能仅仅用类似“那就不要理他”“这种小事不用放在心上”等话语打发孩子，因为如果孩子发现自己的感受被否定，且得不到最信任的父母的建议，他们会更加苦恼。

在孩子倾诉时，我们要专心倾听，接纳孩子真实的感受，接纳孩子的性格和处世方式。还可以分享自己青春期时发生过的类似事情，帮助孩子释然：“原来不仅是我一个人有这种烦恼”“哪怕是成年人也有过不成熟的青春期呢”。

我们要注意倾听孩子对事件过程的倾诉，引导孩子思考自己在事件中人际交往的心态和处理方式带来的后果；引导孩子换位思考，培养孩子参与人际交往的良好心态——以尊重自己的方式尊重别人，以包容自己的方式包容别人，以欣赏自己优点的方式欣赏别人。我们要让孩子领悟到沟通的重要性，帮助孩子掌握沟通的具体方式，在遇到不愉快的事情时恰当地表达自己的情绪，有理有据地提出对他人行为的建议，合理地维护自己的利益。

4. 指导孩子掌握调节负面情绪的方法

（1）倾诉

当孩子情绪低落时，我们要积极与孩子沟通，引导孩子把心里的委屈说出来；鼓励孩子向朋友倾诉心事；鼓励孩子通过写日记来排解情绪；等等。

（2）宣泄

眼泪是纾解压力、缓和情绪的媒介之一，适度流泪可以有效缓解不良情绪，使人恢复心理和生理上的平衡。我们要让孩子知道，有负面情绪是很正常的，可以放心地大哭一场，通过眼泪把难过和压抑都宣泄出来。

（3）转移注意力

当孩子感到苦闷和烦恼时，我们可以帮助孩子转移注意力，比如看电影、做运动、读小说、听音乐、品美食，或者跟朋友一起出去玩，等等。

（4）理性情绪法

进行了合理的情绪宣泄后，一些孩子可能会觉得令自己烦恼的事仍然没有改变。这时，他们可能会再次产生不良情绪，但也有可能会从另一个角度看待问题。比如，对成绩不满意，就意味着自己的进步空间很大；暂时没有交到知心的朋友，那就有更多的时间和空间专注于学习；虽然花了一个小时才解出一道数学题，但下次再碰到同类题目时就能顺利解答了……我们要引导孩子学会用乐观的态度面对困难，在困难中发现事物积极的一面，适当调整情绪，才能在学习中游刃有余。

帮助孩子积极参与良性竞争

案例分析

案例　被“卷”进了学习竞争

小婧是个很上进的女生。上了高中后，她更加努力地学习，但考试结果总不能令她满意。她向好友倾诉，自己不喜欢太“卷”的氛围，但大家都是那么努力地学习，似乎只有学习好的同学才会被大家喜欢。在自己因考砸了而闷闷不乐的时候，虽然也有同学来安慰自己，但小婧认为她们并不真诚，只不过是形式上的敷衍。小婧尤其听不得别人说“成绩不重要，重要的是你努力了”之类的话语。有一次她忍不住回道：“你考得好当然可以这么说啦！”这句话抛出来后，宿舍里彻底安静了。小婧知道自己说了不该说的话，但又认为自己说的是事实，只不过大家不愿意承认罢了。

小山是个十分努力的男生。有时下课后，他还在回顾知识点、整理笔记。但让他郁闷的是，偶尔会有同学走过来干扰他，说："你怎么还在学习啊！怎么这么'卷'呢！"他不明白为什么自己的勤奋会受到同学的"冷嘲热讽"。他的困惑逐渐变成了烦恼。

升入高中后，随着学习压力的加大，孩子会不由自主地被"卷"入激烈的学习竞争中。小婧和小山在这样的氛围下都觉得不愉快。他们不喜欢这种氛围，也由此平添了很多困惑与烦恼。作为家长，我们要积极关注孩子的情绪波动，帮助孩子积极参与良性竞争。

了解孩子

"卷"，不仅是当下在成年人中流行的自嘲，就连孩子们也开始使用。

内卷（Involution），也称"内卷化"，原本是人口学术语，现在网络上用于形容某个领域（如工作或考试）发生了过度的竞争，导致人们进入了相互倾轧、内耗的状态。

学习竞争对孩子的影响是多样的。对一些孩子而言，竞争使他们的成长和发展更具生机活力；对另一些孩子而言，竞争则会给他们带来巨大的危机和挑战——这种差异主要取决于孩子们对竞争的理解。后者对竞争存在错误的认知，感觉身边的同学都很优秀，自己跟他们差距太大，尤其是看到别的同学能快速答对老师的提问、考试成绩比自己优异时，心里既着急又难受，甚至产生了自责或嫉妒的心理。这种不良情绪如果长期得不到缓解，就有可能引发一系列心理疾病甚至攻击性行为，因此需要引起家长的关注。其形成的主要原因有以下几个方面。

1. 过于关注与他人的横向比较

那些感到"内卷"和产生嫉妒的孩子，通常会觉得其他同学的进步就意味着自己的失败。这样的孩子往往受到传统教育观念评价标准的影响，过分夸大考试的重要性，羡慕甚至嫉妒那些成绩比自己优异的同学，患得患失的心理严重影响了这类孩子的学习效率和考试发挥。

2. 学习动机有偏差

如果孩子对学习和考试存在错误认知，怕考不好被父母责骂，或把考试当成打败别人、为父母争光的手段，而不是将其当作一种检验自己能力的机会，那么他们就会用消极的行为和方式来对待学习，在面对竞争时会加剧焦虑，引起自卑等情绪。

3. 家长的高期待形成压力

若家长对孩子的学习寄予过高的期望，如对于成绩平平但一直在努力地学习的孩子，家长无视孩子学习的实际水平，硬给孩子定下成绩进步多少分的目标，就很有可能加剧孩子的焦虑情绪。有的家长还喜欢对比自己的孩子与其他孩子的学习成绩，这样也很容易使自己的孩子形成过重的心理负担，担心一旦考砸了无法向父母交代，从而产生恐惧心理和厌学情绪。

4. 家长过于关注学习结果

有的家长过于关注孩子的学习结果，若孩子取得了理想的成绩，就如释重负、得意扬扬；若孩子考得不理想，就大声斥责、忧心忡忡。也有的家长对于孩子的进步只是带过一两句轻描淡写的肯定，更多地夸赞其他孩子。还有的家长为了让孩子印象深刻，便对同一件事反复唠叨，这样反而让孩子产生反感，且增加了孩子的焦虑。

5. 家长无法提供适合的指导

当孩子看到别的同学大放光彩而自己却止步不前，对此心有不甘时，有的家长只是告诉孩子“别羡慕了”而无视孩子沮丧的心情；当孩子对学习松懈，好像对一切都无所谓时，有的家长总是苦口婆心地讲大道理，强调学习的重要性，却没有和孩子一起深入分析产生这类想法的原因。

实施指南

1. 引导孩子明白学习是双赢的，注重与过去自己的纵向比较

高中孩子的学习可以形成良性竞争。从横向来看，若同桌之间互相帮助，如 A 同学数学成绩较好而对英语感到棘手，B 同学擅长英语而在数学方面表现不佳，两人相互帮助对方提高弱科，就有实现双赢的可能。从纵向来看，当孩子把学习的关注点放在自己的知识掌握量是否增加、解决问题的能力是否提高时，也可以实现良性竞争。

因此，我们不要刻意拿孩子与他人做比较，而要指导孩子在公平公正的情况下积极参与竞争，引导孩子和过去的自己做对比，发现孩子的进步，鼓励孩子多从自身找原因和解决办法。

2. 帮助孩子理解高考的本质，学会将同学当成“战友”

孩子们满怀期待和努力，为三年后的高考而做充分的准备。有的孩子会将身边的同学视作竞争对手。其实，面对高考，身边的同学并不是孩子真正的竞争对手，那些与孩子有相同目标高校甚至相同目标专业的同届考生，才是孩子潜在的竞争对手。

我们不妨引导孩子这样思考：如果自己把竞争的矛头指向身边的同学，拒绝与他们交流而“孤军奋战”，那些潜在的竞争对手却与身边的同学“抱团”互助，学习越来越进步，可想而知，结果将是天差地别的。

我们要让孩子认识到嫉妒的危害性，让孩子明白在数以万计人参与的竞争中，嫉妒极小一部分人是没有任何意义的，只有令自己真正强大起来，才是获胜的根本。

3. 帮助孩子觉察和应对内心的嫉妒情绪

人们常说的“羡慕嫉妒恨”，是不同情绪不同程度的外在表现。羡慕，是对别人拥有的能力或荣耀的单纯渴望，希望自己也能拥有，即

“要是我也有就好了”；嫉妒，是认为自己没有，但因别人的拥有而产生的自己的利益受了损害的感受，即“他有，但我没有”；恨，则是一种认为自己没有，所以别人也不应该拥有的，隐藏着潜在攻击行为的强烈的情感，即“我没有，他也不应该有”。

我们要教育孩子学会面对和处理自身的嫉妒情绪，鼓励孩子增强自信，保持良好的心态，认识到在自己的能力范围内把事情做好就是成功。当孩子成绩不理想时，我们应该引导孩子多考虑自身的原因，及时调整心态和学习方法，正确对待今后的学习。我们要让孩子明白，每个人都有参与竞争的权利，也都有获得成功的可能。

4. 冷静、平和地看待孩子的成绩

我们要端正心态，管理好自己的情绪。成绩仅仅是近期对孩子所学知识掌握程度和知识运用能力的诊断，可能受很多主观和客观因素的影响。我们一方面要肯定孩子的努力和进步，和孩子一起分析和制订适合他（她）的学习目标和计划；另一方面要给予孩子适当的鼓励，让他（她）积极面对挫折，重拾希望和信心。

5. 提供宽松民主的家庭环境

我们可以选择合适的时间与孩子好好聊聊，耐心倾听孩子的烦恼，试着理解孩子的心情，和孩子一起分析成绩所反映的问题，引导孩子努力提升自我。当孩子感到平等和被尊重，也就会愿意和家长吐露心声；家长在倾听孩子心声时也能及时了解孩子的想法、感受、困惑与思考，给孩子提供适当的帮助。这种和谐的沟通方式不仅可以拉近亲子距离，也有助于降低孩子的焦虑水平，帮助孩子从烦恼中解脱出来。

6. 经常反思自己的教育方式

有些家长平时工作繁忙，疏于关注孩子的学习和生活状况，当孩子学习成绩不理想时，就一味地批评和责骂。我们应该经常自我反思：平日对孩子的学习、生活习惯等是否关注不够，是否对孩子的努力有正确评价，是否需要调整自己的教育方式和行为习惯，等等。

学会识别孩子的异常情绪

案例分析

案例 “开心果”不开心了

小云在初中时是老师眼中的“模范学生”，乖巧懂事、善解人意，虽然成绩不是最优秀的，但总是能出色地完成老师交给她的任务。她开朗爱笑，能和大家愉快地相处，是班上的“人气明星”。但在升入高中后，爸爸妈妈发现小云和从前不一样了。在开学之初的军训期间，小云回家时还能兴高采烈地和父母描述学校生活，可慢慢地，她回家后就不怎么爱说话了，经常闷闷不乐地把自己关在卧室里。面对父母的关心，她总是回答有很多作业要写。可有时父母敲门进去，发现她并没有在书桌前学习，而是躺在床上，神情呆滞。小云说自己晚上入睡困难，凌晨三四点就醒了，全身没有力气，脑子反应慢，总是莫名其妙地想哭，吃东西也没有胃口。她也不再像过去那样喜欢和同学出去玩了，而是越来越不喜欢去学校，经常在该返校的时候请求父母向老师撒谎，以生病为借口推迟上学。

刚开始，小云的爸爸妈妈都尽量满足她的要求，在她流泪的时候不断安慰她，在她不愿意学习的时候不断鼓励她。但这些做法并没有让小云好转，反而让她变得越来越懒散。爸爸感到十分愤怒，严厉地训斥并要求小云立即振作起来，不能再堕落下去。可无论是安慰、鼓励还是苛责，小云依然我行我素，要么就假装没听到，要么就失声痛哭，说自己没用、再也不想上学之类的话。妈妈既心疼又担心，便向班主任求助。班主任将小云的情况反馈给学校里的心理老师，在心理老师的再三建议下，父母带小云到医院的心理卫生科就诊。心理医生的诊断是小云患上了重度抑郁症，必须立即接受药物治疗和心理治疗，并建议住院观察。

升入高中的小云出现了情绪低落、食欲减退、难以入睡、浑身乏力、反应迟钝、情绪失控等问题。小云的爸爸妈妈没有及时识别孩子情绪等方面的异常，简单的安慰、鼓励甚至训斥都无济于事，反而让孩子陷入重度抑郁的泥潭。小云的情况令人心疼，也值得我们每一位家长反思。

了解孩子

每个人都有可能在某些时期出现较明显的负面情绪，而青春期孩子的心理特征还没有完全定型，他们相对于成年人更活跃，也更容易感受到学业压力和来自社会的影响。面对挫折，他们往往缺乏足够的应对能力和克服困难的勇气。因此，这个时期的孩子更容易产生情绪上的困扰，如抑郁、焦虑、恐惧等。这些消极情绪如果不能被及时觉察并调整，就很有可能会发展成心理障碍甚至心理疾病。

案例中小云的抑郁程度已经超出情绪波动的常态值，达到了抑郁症的水平。据《疾病和有关健康问题的国际统计分类》（第十次修订本）的解释，抑郁症是以情感性障碍、心境低落、思维迟钝、语言行动减少为主要特征的综合性精神疾病，有轻度、中度、重度之分，严重者可伴有自杀倾向或采取自杀行为。

相关调查显示，我国抑郁症的患病率高达 4.2%[①]，平均发病年龄为 25 岁，15～19 岁和 25～29 岁为高发期[②]。近年来，抑郁症低龄化的趋

① 祁荣、陈军、余邵民：《关于抑郁症的研究综述》，《心理月刊》2020 年第 17 期第 238–240 页。

② 王卫：《青少年抑郁的预防：青少年应变力辅导计划简介》，《心理科学》2000 年第 4 期第 506–507 页，498 页。

势愈发显著，中小学孩子表现出明显症状的比例不断提高[①]。

因此，我们要对抑郁、焦虑等异常情绪有所了解，学习如何陪伴和引导情绪异常的孩子。

实施指南

〉〉〉 1. 了解抑郁症的基本常识

（1）打破对抑郁症的误解

①“抑郁症就是‘想不开’，不需要治疗，想开就好了。”

这是人们对抑郁症最常见的一种误解。我们要认识到，抑郁情绪与抑郁症是不一样的。抑郁情绪是“心灵上的感冒”，每个人都有可能患上感冒，但同样是感冒，对不同的人影响却大不相同。在不治疗的情况下，有的人只需要多喝热水、补充维生素或者充分休息便可恢复健康，但有的人则可能会发展成咽炎、支气管炎甚至肺炎。如果合理使用抗生素，这些疾病大部分都可以被治愈；而对于有的人而言，如果不使用抗生素，肺炎等并发症就有可能终结其生命。同理，抑郁情绪的影响也是因人而异的。在遇到严重的负面事件时，人们往往会产生悲伤、痛苦、抑郁等情绪，但这些情绪大多会随着时间的推移而逐渐消失。抑郁情绪的恢复时间因人而异，视乎个体的气质性格特点、适应能力、既往生活经验、社会支持系统以及环境改变等因素。对有的人而言，抑郁情绪如果不能自行排解或者通过心理服务的形式得到有效疏导，就可能会发展成抑郁症。抑郁症就像是“心灵上的肺炎”，以现代精神病学的研究水平，坚持科学的治疗，辅以社会支持，是完全有机会被治愈的。

抑郁症的病因很复杂，往往受生物、心理、社会等多种因素影响。

① 祁荣、陈军、余邵民：《关于抑郁症的研究综述》，《心理月刊》2020 年第 17 期第 238—240 页。

现代医学的研究表明，抑郁症的发病与5-羟色胺、多巴胺、去甲肾上腺素等多种神经递质的改变有关，比较常见的是5-羟色胺和多巴胺水平下降。在神经递质中，5-羟色胺水平过低易引发人的心情低落、记忆力下降、食欲减退等一系列症状，多巴胺水平过低会使人无法体验兴奋和欢愉，去甲肾上腺素水平过低则易引发抑郁症。同时，研究还发现，抑郁症患者的糖皮质激素水平和血清胆固醇水平也处于异常状态，糖皮质激素水平过高会损伤特定脑区从而导致抑郁症，血清胆固醇水平过高易诱发抑郁症，过低则可能诱发自杀行为。

抑郁症和糖尿病、肿瘤等一样属于疾病。所以，当孩子确诊患上抑郁症后，请务必遵医嘱。

②“对于抑郁症，药物是无效的，而且还会伤害大脑，影响孩子的学习。”

不少家长存在此类误解。青少年抑郁症患者初次服用精神类药物后，可能会产生副作用，如口干，眩晕或嗜睡，厌食、恶心、腹痛、腹泻等肠胃不适，以及心跳加速等，且抑郁情绪并不会随着服用药物而立即得到改善。有的家长在短期内没有观察到明显药效时，会要求孩子停止服用药物。事实上，抗抑郁类药物的起效时间通常为15～30天，副作用一般也会在两周后显著减轻。擅自停用或减少抗抑郁类药物的剂量很容易引起病情的反复或加重，日后将更难以痊愈，这对有自杀意念的患者而言是非常危险的做法。我们对此要高度重视。

有的家长担心药物副作用引起的身体不适会严重干扰学习效果，认为服药会导致孩子成绩下降，因此判定药物会损伤大脑智力，而不允许孩子继续服用药物。对于此种情况，我们应该辩证地看待。不可否认，部分孩子服用药物后会产生副作用，甚至影响了学习，但从长远来看，假若孩子的生命有八九十岁，十五六岁时的学习退步甚至因病休学，只不过是在他漫长人生中多画了一个逗号；但如果不接受科学的治疗，导致抑郁加重甚至轻生，那孩子生命的句号就不是画在八九十岁了。

对待患抑郁症的孩子，我们要多一分理解，多一分耐心，多一分关怀。患抑郁症孩子的大脑已经受到极大的影响，如果家长还要求他像正常的孩子一样注意力集中、思维敏捷地面对繁重的学习任务和过大的压力，对孩子来说是不现实的，也是非常残忍的。

（2）从外部表现识别抑郁症

从普通的抑郁情绪加重至抑郁症是一个累积的过程。如果家长能在孩子患上轻度抑郁时就觉察到孩子发出的“求救”信号，能在抑郁症早期便持科学的态度给予孩子理性的帮助，那么将有助于病情的控制和后期的治愈。

我们可以通过以下几种常见的外部表现来观察孩子的情绪，判断孩子是否处于抑郁状态。

①长时间的消极情绪。无法体会愉悦、幸福等正向情绪的时间超过两周；有强烈的自卑情绪，总觉得自己的能力不如他人、自己的人生没有希望；无理由地感到苦闷，认为自己对他人、对社会没有丝毫价值，甚至是别人的负担，有强烈的自罪感或自责感；常常深感无助，觉得没有人能帮助自己，哪怕身边有亲友，也认为他们的帮助对自己是没有意义的；产生过用死亡摆脱现状的念头，甚至有了自杀计划或尝试过自杀行为；等等。

②自残行为。当抑郁情绪加重又无法释放时，有的孩子会用伤害自己的方式处理。即使是与人争执之后发生的自残行为，家长也千万不能将其当成冲动下的儿戏看待。

③兴趣减退。很久都没有兴奋的感觉，对任何事件都提不起劲，对以往的爱好也兴趣大减。

④行为慵懒。行动力低，即使没有做耗体能的运动也觉得很累，感到四肢乏力，懒散嗜睡；不肯出门，不修边幅，拒绝社交；等等。

⑤思维迟缓。注意力无法集中，上课基本听不进去；记忆力下降，甚至记不住任何东西；无法进行思考，感觉整个人空空的；等等。

⑥睡眠障碍。夜晚很难入睡，长期失眠；睡眠程度很浅，易惊醒；早上过早醒来；前述情况持续数周甚至数月。

⑦饮食异常。食欲减退，体重大幅度减轻。

在以上表现中，①是最关键的。当家长发现孩子有相应症状时，必须严肃考虑孩子患抑郁症的可能，并及时主动联系学校和班主任，了解孩子在学校里的表现，听取学校专业心理教师的建议，必要时带孩子到医院的心理卫生科等相关科室就诊。一旦确诊，应遵医嘱，采用科学的方式积极治疗。

患抑郁症孩子的某些表现不同于患抑郁症的成人。也许有的家长会说，我的孩子不是抑郁症，因为他（她）的情绪也不完全是低落，偶尔也会朝我们发脾气。事实上，青少年抑郁症中表现为单纯性抑郁的较少，有相当一部分是躁郁症或者是潜在的躁郁症，即“双相情感障碍”，其特征是既有躁狂症发作又有抑郁症发作。除了抑郁的“低谷状态”，双相情感障碍的患者还会体验到躁狂的“巅峰状态”，后者的外在表现可能是极度快乐或欣喜若狂，也可能是极度愤怒和敏感。躁狂症发作时，患者对睡眠的需求降低，对自身的能力极端自信；同时，奔逸的思维还会让患者表现得非常健谈，语速飞快，但表达出来的语句可能前后没有逻辑性。与平时相比，躁狂症患者的精力和行动力都会明显提高，注意力和知觉感官都会发生变化，可能会出现冲动和鲁莽的行为，容易为一些小事发脾气，情感不稳定，自控能力较差。

青少年比成年人更容易患上躁郁症，成长期孩子体内的神经递质分泌旺盛，但神经调节能力较差。打个通俗的比方，神经系统是一辆跑车，但因为油门坏了，导致加油时有时加得上，有时又加不够，车速就忽快忽慢。青少年孩子在“车速”慢（神经递质分泌不足）时表现为抑郁，“车速”快（神经递质分泌过多）时表现为躁狂，所以在青少年阶段表现出单纯性抑郁的比较少，更多表现为双相情感障碍。

孩子是否患抑郁症，应该由医院的专业心理医生诊断。当观察到孩子出现以上外部表现时，家长要有所警觉，进行初步分析，必要时带孩子就诊。

（3）警惕患抑郁症孩子的极端行为

让抑郁症患者最痛苦的不是难过的情绪，而是无价值感和绝望感。有相当一部分抑郁症患者为缓解痛苦而采取自残甚至自杀行为，尤其是长期失眠的患者，采取极端行为的比例更高。我们平时要关注孩子手腕、前臂、脖子、腿部及身体其他部位是否有不明原因的可疑伤口或疤痕，尤其是在天气炎热时也始终穿长袖的孩子，我们可以自然地轻握孩子的手，拉起衣袖查看。如果看到不明伤口或疤痕，务必问清楚来由。若孩子表明是自残的痕迹，绝不能责备更不能讥讽，要用正面的语言和行为表达对孩子的重视。比如，拉着孩子的手，告诉孩子自己感到很心疼；无论遭遇什么，爸爸妈妈都愿意相信并倾听他（她）；无论困难有多大，爸爸妈妈都会一直陪他（她）、设法帮助他（她）；等等。对于有自杀行为或倾向的孩子，要让孩子知道，他（她）是整个家庭快乐和幸福的源泉，是爸爸妈妈的骄傲，爸爸妈妈不能失去他（她），他（她）的平安健康是爸爸妈妈最大的心愿……家长的接纳和关爱对患心理疾病的孩子来说尤为重要。

我们平时要关注孩子是否有以下可疑行为：

①在日记、绘画、信函、网络社交平台上或对自己关系亲近的人流露出轻生的念头，感慨人生的绝望、无助或无价值感；经常说“我不在这里就好了”“死了之后会不会更好”“没有我，你们就会幸福快乐”“我要走了，希望你们好好活着”等话。

②无故增加药物或酒精的使用量。（注意：家长必须对患心理疾病孩子所服用的精神类药物进行严格管控，建议由家长按时按量给药，若由孩子自行保管可能会存在风险。）

③对原来的爱好或喜欢的东西不再感兴趣。

④突然丢弃自己的物品。

⑤突然将原本杂乱无章的东西整理得井然有序。

⑥无故向人道谢、告别，归还所借物品，或将自己平日很喜欢的东西赠送给周围的同学和朋友。

⑦写遗书，或有较周密的自杀死亡计划。

⑧与他人，尤其是有医学知识的人讨论自杀的方法，搜集有关自杀的资料。

⑨常徘徊于江河边、海边、高楼、悬崖、大桥等处。

当然，不排除未患抑郁症的孩子可能做出在口头上用自杀威胁他人以获得利益或免受惩罚的行为，这可能是孩子习得的一种控制他人的手段，并不能肯定其有自杀计划，家长需要结合孩子的其他表现进行综合分析判断。

对于有自杀风险的孩子，必须立即全天候监护，及时将孩子送到正规医院的专科门诊就诊。对于曾有自残或自杀行为的孩子，家长要保管好家中的危险物品，如刀、剪、绳子、木炭、农药等，避免孩子获取和使用；尽量不让孩子单独出门，若孩子单独出门要掌握其具体行踪，让孩子做出“不做危及生命的事情”的承诺，告诉孩子当感觉到难以承受时，要第一时间联系家人。

>> 2. 了解焦虑症的基本常识

焦虑症是一种以焦虑情绪为主的常见心理疾病，与正常焦虑情绪在诱发原因、持续时间、身体症状等方面均有差异。人们通常可以觉察自己因何事而感到焦虑，且一般能在数天内自行调解焦虑情绪；而焦虑症患者所表现出来的紧张、不安甚至惊恐，与其当时所处的环境、交往的对象和从事的事情并不一定有明显的因果关系。因此，他们往往不知道自己的焦虑从何而来，其焦虑持续时间可达数星期至数月。焦虑症发作时，患者除了产生强烈的恐惧和焦虑的情绪，还会明显感受到心跳加速、胸闷、腹痛、肌肉紧张等症状，甚至有人格解体、现实解体、濒死恐惧、窒息感或失控感等痛苦体验。医学研究表明，焦虑症的发病也与5-羟色胺、多巴胺、去甲肾上腺素等多种神经递质的失衡有关。

焦虑症主要分为发作性惊恐状态和广泛性焦虑两种，临床上也可分别称为“急性焦虑症”和“慢性焦虑症”。

急性焦虑症的主要表现为惊恐发作，有时会在夜间睡梦中发生，患者心脏剧烈跳动，胸口憋闷，喉头有堵塞感，呼吸困难，甚至有濒死感觉。有的患者会因为身体上的症状而更为恐惧，甚至导致精神崩溃。这类患者会感觉自己患上心脏病，但心电图检查基本是正常的。急性焦虑症一般会持续发作几分钟至数小时，当发作过后或适当治疗后，症状可以缓解或消失。

急性焦虑症通常是在慢性焦虑症的基础上发生的，但更多患者为慢性焦虑症。慢性焦虑症的典型表现为心慌、疲惫、神经质、气急和胸痛等症状，还可能会出冷汗、晕厥、嗳气、恶心、腹胀、便秘、尿频尿急等。有时，焦虑症患者主观感觉到自己身体症状很严重，但到医院检查却往往没有太大问题。

在高压的学习下，不少孩子患上了考试焦虑症。比如，在大型考试前有肠胃反应（如胃疼、恶心、呕吐、腹泻等）或者发烧；在考场上感觉手心不断出汗、双手冰冷或打战、大脑一片空白；在考试中遇到熟悉的题目却做不出、做不对，在考后就能解出来……这几种反应越明显，说明焦虑的程度越严重。

当然，我们不要因为焦虑症的存在就完全否定焦虑情绪。研究表明，学习中没有任何焦虑的孩子是没有学习动力的，考前保持适度的焦虑情绪，有助于提升孩子的复习动力，促进其考场发挥。只有重度的焦虑情绪和确诊的焦虑症，才是我们需要重点关注并帮助孩子解决的。

还有的孩子会被同时确诊抑郁症和焦虑症。在药物治疗上，一些抗抑郁类药物同样适用于焦虑症。因为焦虑症患者的身体反应症状明显，所以确诊后，患者及其家长通常不会对使用药物有太大的抗拒，但应注意避免走向另一个极端，即认为只服用药物就可治愈。有的焦虑症是因为患者对现实生活中的某些问题过分担心或烦恼而产生的，这种情况需要家长引导孩子改变思维模式；有的焦虑症是在意识层面发生的，患者不知道自己为何而焦虑，这种情况需要家长帮助孩子寻找内在的原因并学会面对。很多焦虑症患者停药后会感觉身体症状加重，主要还是因为患者自己焦虑、恐惧的思维模式没有得到改变。

3. 为孩子提供心灵与身体上的关爱与帮助

（1）寻求专业的帮助，确定科学的治疗方案

我们应该放下对心理疾病的偏见，当发现孩子情绪异常时，及时从以下几个途径向专业人员求助。

首先，考虑带孩子到医院的心理卫生科等相关科室就诊。心理医生会通过专业心理评估和设备来检查和评估孩子的心理健康水平，并根据孩子异常情绪的严重程度提供不同的诊疗方案。若孩子确诊，且医生认为需要服用药物，那么家长必须遵医嘱，监督孩子按时按量服用药物。同时，家长要给予孩子足够的自主权，让孩子自己选择治疗方案，提前明确每种治疗方案可能引发的副作用，帮助孩子做好应对风险的各项准备。

其次，将孩子的情况告知孩子的班主任和学校心理教师。当孩子确诊心理疾病后，家长要及时告知班主任，请科任教师们给予理解和关注；而心理教师能给予孩子专业的心理辅导，帮助孩子调整自身状况。

再次，可以拨打行政部门或教育部门的心理热线。当家长对医院诊断或学校建议有不确定的地方，或者家长也需要调节自身的情绪时，不妨先拨打专业的心理热线寻求帮助。

最后，选择专业的心理咨询机构和心理咨询师，接受心理治疗。药物是治疗抑郁症和焦虑症的必要手段，但也仅能从生理上帮助孩子控制和缓解症状，维持其精神和情绪的正常。如果不提高孩子的心理能量，不改变孩子应对挫折的思维模式和方法，那么孩子的心理疾病将很难痊愈。因此，服用药物的同时，必须辅以相应的专业心理治疗。若孩子不愿意对班主任或心理教师倾诉，家长对心理咨询师的选择就要尤为谨慎，必须尊重孩子的感受，才能令孩子放下防备、倾诉心声。

（2）接纳孩子的现状，调整自身情绪

对于大多数患有心理疾病的孩子而言，身体和心理上的痛苦都不如因家长的不理解而造成的伤害来得深。有的家长将患抑郁症孩子的行动力低当成孩子逃避上学和学习的借口，将患抑郁症孩子的身体症状当成孩子逃避考试的借口，对孩子严厉斥责；有的家长否认心理疾病的存在，认为仅仅是因为孩子太脆弱，甚至在孩子请求去看心理医生时断然拒绝；有的家长以孩子确诊心理疾病为耻，在言语中嘲讽和打击孩子……这些做法往往会加重孩子的病情，甚至引发极端事件。

对于家长而言，接纳孩子患有心理疾病是需要勇气和智慧的。孩子患病，意味着要放缓学习的步伐甚至休学，意味着自己需要在忙碌的工作中抽出更多的时间和精力来照顾孩子。家长要觉察并调整自己的情绪状态，以有利于孩子病情康复的方式为行为导向。

（3）学习专业知识，增进亲子交流

家长应当积极学习该疾病的相关知识以及应对方式，可以通过请教心理医生、查询网络信息和购买专业书籍等途径来学习。

另外，我们还应注重陪伴孩子进行适当的户外体育运动。阳光、空气和运动是对抗抑郁的三大“良药”。运动时人体会产生多巴胺，对缓解抑郁症和焦虑症有极大的帮助。同时，亲子运动可以让家长重温孩子童年时亲子间的亲密状态，有助于调整和修复亲子关系。

（4）反省自身教育，改变与孩子的沟通方式

家长的言传身教和家庭教育的氛围都对孩子的性格、思维模式和人际交往方式起着至关重要的作用。若孩子确诊心理疾病，家长要多方面地探寻其影响因素，并反思自身的教育理念和教育方式。

对于气质类型为抑郁质的孩子，家长不能随意采取批评、否定、威

胁的教育方式，以免刺激孩子。如果父母双方情感不和，那么双方都要考虑这样的局面是否会给孩子造成心理创伤，还要考虑自身的情绪性质和稳定程度是否会影响孩子。

总之，在孩子这个特殊的时期，我们家长要成长为半个“心理咨询师”，学会更宽容地接纳孩子，学会积极倾听、共情。

（5）与他人联盟，为孩子打造强大的支持系统

家长之间或者长辈之间对心理疾病的治疗要达成共识。若家中有年老的长辈共同居住，父母需要做好他们的思想工作，为孩子的康复创造最有利的家庭环境。

孩子的同学和好友作为对孩子影响最大的同辈群体，也是我们需要关注的对象。了解孩子与同学、好友的相处情况，包括孩子的人际关系中是否存在可能引发心理创伤的矛盾，是否需要家长出面进行协调，等等。如果能争取到孩子的朋友，尤其是好友的理解与支持，对孩子的康复无疑是一种正向的加速。

另外，家长还可以鼓励孩子与其他同样患病的孩子交流，但要确保这种交流是积极的，是为康复而努力的，尤其要注意避免患抑郁症孩子加入有自杀意向的组织。

（6）积极鼓励，保持期待，陪伴孩子康复

无论是抑郁症还是焦虑症，家长只有坚信疾病终被治愈，才会成为孩子最强大的精神支柱，陪伴孩子渡过一个个难关。家长可以尝试与其他患病孩子的家长建立联系，交流各自对疾病的认识、积极的康复措施和自己的体验与感受等，相互帮助提升认知，相互支持。

家长要看到困难背后的机遇，把心理疾病当作孩子人生的一次转机，而不是只把它当成需要打败的“敌人”，这样才会拥有强大的心理能量支撑自己和孩子走完治疗全程。要相信自己所付出的陪伴、耐心和爱都是有意义的，是自己和孩子人生中的必经之路；相信孩子哪怕没有按我们规划的路线前进，也有机会成为优秀的人，拥有他想要的快乐和幸福。

延伸拓展

阅读推荐

1.《这样爱你刚刚好，我的高一孩子》（主编：朱永新、孙云晓、孙宏艳；出版单位：湖南教育出版社）

本书从了解高一孩子的身心发展特点入手，通过具体的案例引导父母关注青春期孩子的行为，为家长培养孩子学会求知、学会做事、学会共处、学会做人、学会反思的能力提供指导。同时，健康的家庭氛围有助于读懂孩子的成长规律，让孩子在良好的家风中滋养品德，为孩子的青春保驾护航。

2.《战胜抑郁症：写给抑郁症人士及其家人的自救指南》（著者：[美]李·科尔曼，译者：董小冬；出版单位：中国人民大学出版社）

本书曾获美国职业心理学委员会推荐，是一本帮助抑郁症患者及徘徊在抑郁症边缘的人士重拾幸福的自救手册，为抑郁症患者及其家人提供一套通俗易懂、以证据为基础的应对策略，帮助他们应对和解决问题。

3.《双相情感障碍：你和你家人需要知道的》（第2版）（著者：[美]戴维·J. 米克罗维兹，译者：陈幼堂；出版单位：重庆大学出版社）

本书涉及双相情感障碍患者如何觉察自己的心境、如何采取措施调控心境、如何向周围的人求助等内容。作为双相情感障碍研究领域的领军人物和临床专家，作者在书中设计了不同的表格，便于读者记录自己每天的心境状态和服药的详细情况，并做预防练习，可操作性强，是切合双相情感障碍患者及其家属的心理学读本。

〉》 4.《焦虑症与恐惧症手册》(原书第6版)(著者:[美]艾德蒙·伯恩,译者:邹枝玲、程黎;出版单位:重庆大学出版社)

本书是综合性的家庭实用心理健康指导手册,旨在帮助正在与广泛性焦虑症或其他焦虑症、广场恐惧症、社交恐惧症、强迫症等做斗争的读者。作者提出的“整合法”引导读者从生理、情感、行为、心理、人际等多个层次循序渐进地改善日常生活,提供各种测试量表和练习,帮助读者制订适合自己的摆脱焦虑策略,学习克服焦虑和恐惧的技能、改变不良的生活方式和促进塑造健康的思维和行为模式,从而获得康复。

评估改进

一、自我评估

请你指导孩子根据实际情况回答下列问题,看看他(她)是否已经适应高中生活。

(1)每到一个新环境,你总要经过很长时间才能适应。(　　)

A. 是　　B. 不能确定　　C. 不是

(2)每到一个新地方,你很容易同别人接近。(　　)

A. 不是　　B. 不能确定　　C. 是

(3)新的学习内容对你来说太难了。(　　)

A. 是　　B. 不能确定　　C. 不是

(4)你很怀念初中的生活。(　　)

A. 是　　B. 不能确定　　C. 不是

(5)你有点害怕学校的老师。(　　)

A. 是　　B. 不能确定　　C. 不是

(6)当你面对新事物时,常常不知所措。(　　)

A. 是　　B. 不能确定　　C. 不是

（7）你不喜欢新学校。（ ）

A. 是　B. 不能确定　C. 不是

（8）你会无缘无故觉得很伤感。（ ）

A. 是　B. 不能确定　C. 不是

（9）在陌生的同学面前，你经常无话可说，以至于尴尬。（ ）

A. 是　B. 不能确定　C. 不是

（10）你喜欢学习新知识，因为它能给你新鲜感，调动你的积极性。（ ）

A. 不是　B. 不能确定　C. 是

（11）刚开学的时候，你觉得自己很孤单。（ ）

A. 是　B. 不能确定　C. 不是

【评估参考】

选择A、B、C，依次得1分、2分、3分。

总分22～33分：孩子能很好地适应高中生活，我们要鼓励孩子继续努力。

总分18～22分：孩子能较好地适应高中生活，我们可以建议孩子尝试多跟其他同学交流。

总分12～18分：孩子基本适应了高中生活，我们可以建议孩子多交一些朋友，多向老师和同学请教学习方法。

总分12分以下：孩子可能还没有适应高中的生活，我们要引导孩子仔细想想他（她）自己在哪些方面存在不足。如果还是觉得困惑，就要主动寻求老师的帮助。

二、改进计划

表 4.1 改进计划表

序号	我的收获	我的改进行动
例	为了帮助孩子适应升学后遇到的困惑，我需要学会理解孩子，多听听孩子的想法，反思自己的行为。	1. 多与孩子聊天，适当给孩子拥抱。交流时，不要只问孩子是怎么想的，多向孩子表达我们作为家长的想法。 2. 多倾听，学会换位思考，给予孩子独立的空间，尊重孩子的隐私，如不偷看孩子的日记本等。 3. 当孩子犯错时，要慢慢地讲道理，不要激动。 4. 允许孩子偶尔玩一会儿游戏，放松一下。 5. 多了解孩子的兴趣点，多积累共同语言和话题。
1		
2		
3		

第五专题 如何帮助孩子提升人际沟通能力

“妈妈，你老说为了我好，可是我不喜欢你总是唠唠叨叨的。”

“妈妈，你怎么又偷看我的日记啊？！”

“爸爸，我真的不知道如何与宿舍的同学相处。”

“妈妈，我好像喜欢上一个男孩子了。我该怎么办？”

……

孩子在高一这个阶段，独立性越来越强，渴望按自己的想法做事。如果我们还继续按以前的方式与孩子相处，孩子就有可能因得不到理解和尊重而产生反感情绪甚至逆反心理。面对孩子遇到的新问题，我们要做出怎样的改变来适应孩子的成长？我们该如何与孩子沟通，帮助孩子渡过难关？

专题目标

1. 掌握一定的沟通技巧，与孩子进行有效沟通。
2. 引导孩子正确处理新环境下的人际关系。
3. 及时发现孩子的情感心理问题，并能采用合理的策略进行教育。

尊重与共情——高中孩子喜欢的沟通方式

我们是不是常有这样的抱怨:“孩子上高一住校了，一个星期才回家一趟。但孩子回到家后不爱和我们说话，一回家就把自己关在房间里，直到吃饭时间才出来。都不知道孩子在想什么，问他又什么都不肯说。”

孩子和父母之间没有共同话题甚至无话可说，越来越成为现代家庭的普遍现象。父母认为孩子不知自己的良苦用心，而孩子认为父母不了解自己的需求，各执己见，最终导致两代人沟通不畅。父母对子女的爱，为什么有时候不被孩子接纳?是不是两代人的沟通方式存在问题?

案例分析

案例一　我不想学数学了

“妈妈，我不想学数学了。我觉得自己好笨，花了那么多时间努力地去学，也没见成绩提高。”孩子沮丧地说。

“这是什么话?我给你买了那么多辅导资料，辛辛苦苦挣来的钱都花在你身上了，你说不学就不学?人家孩子怎么就比你强?你就不能多下功夫学吗?你怎么那么不争气啊!”妈妈恼火地大吼。

当孩子有困难向家长倾诉时，一些家长往往站在自己的角度看问题，使本来已经很沮丧的孩子不但没有得到家长的安抚，反而还要遭受更为严厉的打击。长此以往，孩子就越来越不愿意与家长沟通、向家长寻求帮助了，甚至对家长的“精心安排”产生抵触情绪。沟通的本质在于双向交流，需要对对方做出一定的反馈，单向的信息输出不能称为沟通。在合格的沟通中，家长与孩子双方能相互理解，这样孩子才能听进家长的话，家庭教育才能发挥作用。

孩子愿意向家人倾诉烦恼，说明他对家人很信任。我们一起来看看，对于案例一，以下处理方式是否更合理一些。

“妈妈，我不想学数学了。我觉得自己好笨，花了那么多的时间努力地去学，也没见成绩提高。”孩子沮丧地说。

“妈妈知道你很努力，也很辛苦，很理解你的心情。其实，你遇到的问题，别的孩子也会遇到。妈妈知道你从小就很有韧性，也相信你一定能克服困难，我们一起想办法、迎接挑战，好吗？”妈妈看着孩子的眼睛，心平气和地说。

家长在听了孩子的倾诉后，如果能平静地站在孩子的角度看问题，平等地进行亲子间的对话，孩子就更容易接受家长的建议或想法，也会渐渐愿意向家长吐露心声，喜欢与家长沟通。其实孩子缺少的并不是爱，而是他们所需要的被爱方式。我们与孩子沟通时要以接纳孩子的情绪、认同孩子的感受、承认孩子的愿望为前提和基础，耐心地了解孩子的需求，体会孩子的感受，在尊重与共情中形成统一的意见，让孩子感受和接纳父母的爱，亲子关系才能更融洽。

共情是一种有效沟通的方式，是一种能设身处地从他人的角度去体会并理解他人的情绪、需要和意图的人格特质[①]。共情既是一种态度，也是一种能力。作为态度，它表现为对他人的关切、接受、理解、珍惜和尊重；作为能力，它表现为能充分理解别人的心事，并把这种理解以关切、温暖和尊重的方式表达出来。共情主要具有以下三个特征：第一，接纳他人观点。强调接受他人不同观点的能力，即换位思考、感同身受的能力。借助想象，假设自己处于与他人相同的情境，在体验他人情感的基础上学会包容和接纳。第二，不妄加评判。在没有真正理解他人的情况下不随意评价他人，不因为主观臆断而忽略他人的真实感受。第

① 宋亚杰：《共情——师生沟通的润滑剂》，《教学与管理》2010 年第 7 期第 28-30 页。

三，理解式对话。共情需要理解他人的情绪、意识和认知关系，并在此基础上展开对话[①]。

案例二 我和好朋友闹别扭了

孩子在周记里写道："周末回家，我对爸妈说我和好朋友闹别扭了，心情不好。结果他们马上说好朋友也会闹别扭的，还说'一个巴掌拍不响'，让我好好反思自己哪里做得不对，唠叨了老半天。我的心情更糟糕了。"

孩子倾诉人际交往的烦恼时，不少家长的反应是"我听他说和同学闹别扭的事情之后，觉得应该开导他，但不知从何入手，并没有想过让他的心情更糟糕"。其实，孩子向家长倾诉在生活或学习中遇到的烦恼和困惑，很多时候并不需要得到家长的建议，更不希望自己被简单判断和被要求，只是希望有一个可以宣泄情绪的通道。因此，当孩子主动倾诉时，我们要做的事情就是好好倾听，尊重孩子的倾诉，不要急于发表自己的意见，与孩子共情，这样才能达到良好的沟通效果。

案例三 父母打扰我了

夜深了，孩子关着门在房间里学习。突然，门被轻轻地打开了，妈妈不声不响地走进房间，在孩子背后探头探脑，试图了解孩子是不是在学习。孩子发现后，问："妈妈，怎么了？"妈妈有些尴尬地说"进来找东西"，然后就嘟囔着离开了房间。又过了一会儿，爸爸打开房门，惊扰了正在做题的孩子，孩子问："爸爸，有事吗？"爸爸唐突地说："呃……你要不要喝点儿水？"……如此反反复复，原本正在认真学习的孩子在父母的怀疑下多次被打扰后，再也学不下去了。

时常有孩子诉苦："我爸妈说他们对我的成绩没什么要求，但又经常问我什么时候考试，考试时紧不紧张，考了多少分……""我妈说信任我，但我不在家的时候，她又偷看我的日记，有时还偷看我的手机，

① 洪音：《共情对小组合作学习的影响及其提升策略》，《当代教育科学》2019年第9期第24—28页。

其实这些我都知道。唉！”……

有些家长也会有类似的抱怨：“进入高中后，孩子住校了，一周甚至一个月才回来一次。但孩子常常一回到家就进房间，不爱跟我们说话。有时候跟他说话也不听，我们只能偷看他的日记和网络聊天记录来了解他了。”

在亲子相处的过程中，若双方各自站在自己的立场去揣摩对方，难免会产生误会。其实，我们可以采取适当的方式，开诚布公地向孩子表达我们的担心和期待。对于非原则性问题，我们要多听孩子的心声，尊重与孩子之间达成的共识；对于原则性问题，在听取孩子意见的同时，坚守自己的底线，与孩子讲道理。我们不必和孩子较劲，应该在尊重孩子的前提下，把孩子看作还有孩子气的“小大人”，让孩子把他（她）认为有道理的意见讲完。对于孩子的意见，若确实合理，我们应予以采纳。孩子叙述的过程，也是在思考和判断自己的语言和行为是否恰当的过程。我们要多给孩子一些时间和尊重，理解孩子的思想和行为特点，多一些宽容，少一些计较。

了解孩子

亲子沟通问题具有一定的普遍性。家长抱怨孩子不知父母的养育之恩和良苦用心，孩子则埋怨家长不理解自己的难处；家长认为孩子就应该听家长的话，可孩子认为自己已经长大了想要自由独立。其实，亲子之间产生冲突时，孩子反抗的往往不是父母本身，而是父母在亲子沟通中使用的方式。

一项调查显示，在参与调查的 20 870 名中小学生里，只有 26.73% 的孩子表示有了心里话最想告诉的人是父母，而且这一比例随着孩子年龄的增长而呈现逐渐下降的趋势；中学生首选“和同学、好朋友说心里话”的比例为57.54%，小学生为42.89%[①]。另一项针对自治区某示范性普通高中高一年级学生所做的“你有心里话或者烦恼时最想倾诉的对象”的摸底调查，参与的学生共476人，其中女生289人，男生187人。（见表5.1）

表5.1　你有心里话或者烦恼时最想倾诉的对象

倾诉对象	选择人数（人）	占比
父母	48	10.1%
兄弟姐妹	19	4.0%
老师	20	4.2%
同学或朋友	244	51.3%
社会咨询机构	3	0.6%
对谁都不说	114	23.9%
其他	28	5.9%

据该项调查，孩子有心里话或者烦恼时，最想对父母倾诉的仅占10.1%，选择“同学或朋友”作为倾诉对象的多达51.3%，而“对谁都不说”的则有23.9%。

孩子做出这样的选择，其原因不能一概而论。客观上，由于父母与子女两代人年龄不同，各自的人生发展阶段、生活阅历、责任也不同，必然在心理状态、思维方式、行为习惯以及价值追求等方面存在差异；主观上，不少父母和孩子缺乏有效的沟通，彼此不理解，孩子也就不愿意过多对父母倾诉。

高中阶段的孩子恰好同时处于两个特殊的阶段——青春期末期和青年初期，在心理和行为上往往表现为认知能力及解决问题的能力日益增强，渴望像成人般自主解决问题；理性思维能力快速提升，喜欢通过反驳的方式以证明自己的思考能力；等等。一般来说，孩子反驳我们，并非是在故意与我们对着干，而是在提醒我们，他已经长大了，可以像成

① 钱志亮：《亲子沟通，这四大禁忌最不能碰》，《北京青年报》2019年4月22日第B3版。

人那样思考了；孩子表达与我们截然相反的意见，并非故意无理取闹，而是在告诉我们，他在试图摆脱我们的束缚。另外，有些父母在口头上说“我尊重你”，却在行为中透出不信任和不尊重。这种语言和行为之间的矛盾，会让孩子觉得父母很“假”，继而反感父母，也就不愿意和父母说真话、说实话了。

实施指南

1. 接纳孩子的观点

换位思考，从孩子的角度出发，包容和接纳孩子的不同观点。在核实事情的来龙去脉前，不随意评价、不主观臆断，切勿忽略和打击孩子的真实感受。

2. 主动倾听，中肯地向孩子提出合理建议

先听孩子描述事实，我们再做判断，引导孩子积极地、客观理智地思考并采取可行的措施解决问题。我们要注意在这一过程中尊重孩子的选择。

沟通时，可以使用“你可以具体说说这件事吗？”“你能不能说说当时你是怎么考虑的？”“爸爸妈妈能帮你做些什么吗？”等开放式的提问。有时看似简单的提问，却体现了我们对孩子的尊重和信任，而孩子在对我们的倾诉中也会反思自己的语言和行为，为今后处理此类问题积累经验。

3. 选择合理的方式与孩子沟通

我们可以转换语言表达的句式进行沟通，将犀利的、命令式的祈使句，如“你该……了！”“你不该……！”等，调整为中肯的陈述句，

如“我觉得你可以……”。要尽量把事情交代清楚，明确时间、地点、事件等要素。

我们也可以选择“非暴力沟通”的模式进行沟通。该模式有四个要素：观察（清晰地表达观察的结果，注意区分其与评论之间的关系），感受（清晰地表达感受，注意区分其与想法之间的关系），需要（感受的来源），请求（提出具体的请求，注意区分其与命令之间的关系）[①]。比如，看到孩子在应该学习的时间里做与学习无关的事情时，我们可以对孩子说：

“妈妈看到……”（观察，讲事实）

“妈妈有些着急……”（感受，表达真实情绪）

“妈妈一直觉得你是个很自觉的人，对自己的学习是有计划的。”（需要）

“或许你可以把时间安排得更合理一些。如果有需要，妈妈可以陪你一起做计划。”（请求）

要避免采用以下方式与孩子交流：①用批判、说教、命令、强迫的语气跟孩子说话；②只顾自己说，不理会孩子的感受；③翻旧账、揭伤疤，重提不愉快的往事；④跟别的孩子做比较；⑤把孩子当作替父母完成未竟梦想的人；⑥觉得孩子不成熟，轻视和蔑视孩子的观点；⑦放大孩子的缺点。

没有完美的孩子，也没有完美的父母。每个人都会不断犯错，但也在不断进步。我们放宽心，尊重孩子、温和地对待孩子，才能使亲子关系越来越和谐。

---

① 马歇尔·卢森堡：《非暴力沟通》，阮胤华译，华夏出版社，2016，第 189 页。

高中新家人——指导孩子与老师、同学、舍友相处

“高中三年，高一是我过得最痛苦的一年。在初中时，爸爸妈妈常接送我上下学，我一回到家就可以吃上可口的饭菜。结束了一天的学习，我可以在家好好享受热水澡，冲刷一天的疲惫，脏衣服交给洗衣机就可以了。晚上，我躺在软软的大床上，舒服地进入梦乡。那时，我的成绩很好，老师和同学也很喜欢我，一切都是那么顺利。但到了高中，学校有两千多个同学，高一年级有七百多人。周围的同学都很优秀，我在新的群体里显得很不起眼，甚至觉得有些自卑。新环境让我很不适应，渐渐地，我和同学产生了矛盾，也不愿意向老师问问题了，后来我的成绩越来越差。我感觉很累，也很痛苦，便开始放纵自己……到了高三，想要重新振作起来时已经晚了。现在回想起来，自己当时的思想和行为实在太幼稚了。如果当时自己能正确地看待问题，及时处理好和老师、同学、舍友的关系，把精力集中在学习上，也许我会考上一所更好的大学。”这是一名高中毕业生的诉说。

如果当时这个孩子能得到及时的、正确的引导，也许他在高中三年会过得更开心，走的路就不会这么坎坷，结果也会更理想。

高一是高中打基础的关键一年，但大多数孩子刚升入高一时会不太适应，如高中老师的授课方式、高中阶段的考试、高中住宿生活、新的人际关系等，这些方面的不适应会导致孩子学习分心，成绩波动较大。正因为如此，我们更应该帮助孩子在高一开好局，让孩子顺利地在高中阶段实现蜕变，朝着他的人生理想努力迈进。我们要了解高中阶段孩子的特点，适时审视自己在孩子初中时的教育方向和教育行为，及时进行合理的调整。

案例分析

案例一　我不喜欢物理老师

“妈妈，我们班的物理老师讲课速度好快啊，我都听不懂，做笔记时也跟不上他的速度。我不太喜欢他。”

不少刚上高一的孩子都会有类似的抱怨。由于高中课程难度加大、知识点增多，孩子往往一下子难以适应这些转变，容易出现固有的知识储备与新知识“脱轨”的现象，于是把对课程的恐惧“迁怒”到任课老师身上。孩子不喜欢高中老师的原因大致为：高中的老师太过严厉，也不像初中老师那样经常在课堂上表扬学生；自己不太习惯高中老师的教育教学方式；等等。我们应该主动了解高中的教学模式，积极引导孩子主动与老师沟通，尽快适应不同老师的风格，步入高中学习的正轨。

（1）引导孩子尊重老师

老师的奉献精神是伟大的，他们的劳动理应得到尊重。我们要教育孩子正确对待老师的严格要求，理解老师的良苦用心，诚恳地接受老师的指导，建立良好的师生关系，而不应该苛求老师们对每个孩子都给予事无巨细的关注。如果觉得老师的某些教学行为是可以改进的，那么可以在适当的时候委婉地向老师本人或学校表达诉求，如请老师稍微放缓授课速度、授课时讲练结合、课堂上多与学生互动等，不能因为教师存在瑕疵而放大老师的缺点，以至于不喜欢老师、不与老师沟通，最终造成放弃这门学科的严重后果。

（2）主动了解高中老师的教学方式

高中阶段，每个学科的老师都带好几个班级，教学目标高，授课内容多，课后批阅的作业量也很大，有时不一定能及时关注到每个孩子的学习和心理变化，也很难对每个孩子进行个性化的指导。但是，大多数高中老师都有丰富的教学经验，对高考评价体系有着深入的研究，能对高中三年的知识点进行整体把握并逐个突破，帮助孩子提升学科素养。

如果孩子不想听课，想单方面凭个人的小聪明“单打独斗”，则容易跑偏方向，既浪费时间，又影响成绩。孩子一旦被困难压垮，就很容易失去备考的信心，影响后续的高中学习和生活。

（3）引导孩子努力转变学习思维和模式

初中的孩子一般习惯于等、靠老师布置作业，依赖老师指出问题，被动地等待老师帮助自己进行学习总结等。对孩子而言，初中阶段时老师管得多，自己思考和主动学习得少，多数情况下处在被动的学习状态，而这些学习思维和行为却无法适用于高中。高中的孩子需要摆脱对老师的依赖，不仅要完成老师布置的作业，还要主动查找自己存在的不足，给自己设定目标并坚持行动；遇到含糊不清的问题要主动寻求老师的帮助；等等。

案例二　小陆的烦恼

小陆来自乡镇，从小学到初中都是大家眼中品学兼优的学生，属于“别人家的孩子”。但到了高中，小陆发现自己的成绩很一般，即便周末留在学校学习，成绩也不见起色，甚至还有下降的趋势，平时也总感觉身边的同学不太喜欢自己，而身边不少同学则交往能力强、知识面广，还能歌善舞，深受大家喜欢。他不知道该怎么和同学交流，对此感到很失落，只能独来独往，常常怀念小学和初中的生活。

如果家里也有个“小陆”，我们要开出什么“处方”呢？

目前，高中仍按照中考等级成绩进行分批录取。进入同一所高中的孩子中考成绩相差不大，但这并不意味着他们在初中阶段所形成的知识储备和学习能力就是相同的。有些初中时学习成绩尚可的孩子在进入高中后，能力表现不甚稳定，成绩波动较大，而当心理得不到满足和平衡时，孩子的情绪往往会发生较大的变化，产生明显的受挫感。对于孩子因成绩不理想而在人际交往上遇到的问题，我们家长要扮演好支持者和智囊团的角色，主动发现问题并及时对孩子进行引导。

（1）学习和生活中的挫折必不可少

挫折是生活中的一部分，没有挫折的人生是不完整的。我们应教育孩子要直面挫折，变被动为主动。

（2）正视“人外有人，天外有天”的现实

孩子上高中后，若在与同学的交往中遇到了困难，我们既不可怨天尤人，也不能满不在乎，而应该和孩子共同面对，分析并找出问题所在，允许孩子通过正常途径宣泄。我们要让孩子知道，在人际交往中既要看到别人的长处，也要看到自己的优点，不要妄自菲薄；帮助孩子树立自信心，学会根据自身条件和实际情况选择努力的方向，确定奋斗目标；告诉孩子不要过多地与他人做比较，更重要的是超越过去的自己。

（3）鼓励孩子认真学习高中生人际沟通的课程

引导孩子通过参加模拟交际活动、模拟交际比赛等，学习必要的交往知识和技巧。

（4）支持孩子积极参加学校举办的课外活动

联欢会、演讲比赛、综合实践活动、研究性学习和学生社团等活动能让孩子拥有更多的沟通交往机会和更大的展示个人才能的平台，从而收获更多存在感、获得感和成就感。

案例三　我觉得她们不喜欢我

小娟的全寄宿高一生活开始了。宿舍里住着8个同学，分别来自不同的初中，体型和性格也各不相同。小娟发现舍友们经常三五成群，自己却感觉和她们没有共同的话题，她很质疑自己融入新的集体的能力。看到舍友们有说有笑时，小娟就感觉很不愉快。

大多数高一孩子是第一次离家住校，最初会有“终于摆脱父母管束”的窃喜心理，但也会产生“能不能照顾好自己”的疑虑。在初中，孩子与同学们只是白天在一起学习；而上高中后孩子就要与同学们朝夕相处，同在教室、食堂、宿舍进行学习和生活，周末才能回一趟家。环境的改变容易使敏感的孩子忽喜忽悲，从而出现各种忐忑心理。高一孩子人际关系的好坏不仅是自我心理健康水平和社会适应能力的综合体现，而且在很大程度上影响高中生活和学业。

那么，我们该如何帮助孩子适应高中的人际交往呢？

（1）正确看待不适应新环境的现象

我们要让孩子认识到，进入了新的环境后，出现的不平衡和不适应是正常现象。

（2）努力适应新环境

在开学前，和孩子一起登录学校网站或线上平台公众号，了解孩子就读的高中的情况。孩子进入新环境后，我们要给予孩子足够的安全感。一个坚定的眼神、一个温暖的拥抱、一句鼓励的话语……都是对孩子的肯定，能给予孩子信心和力量。

（3）明白集体生活是必不可少的

每个人都是社会的一分子，都要学会适应社会。高中的住校生活正是给孩子提供的一次未来走向社会的“适应性训练”。

（4）发现他人的优点，懂得欣赏与赞美他人

引导孩子学会发现其他同学的优点，构建同学之间真诚相待、真心交流、相互关心帮助的意识，在与同伴的相互欣赏中感到快乐和幸福。

（5）换位思考，尊重与包容别人

“天行健，君子以自强不息；地势坤，君子以厚德载物。”进取与宽容是中国优秀传统文化中的重要精神。孩子在与同学、舍友交往时同样需要互敬、互容、互助、互利。我们应引导孩子自觉反躬自省，见贤思齐。

了解孩子

1. 孩子进入高中后的人际交往有了新特点

（1）更加看重与朋友、同学的友谊

大量研究资料表明，儿童时期的个体在情感上最依恋的对象是父母，朋友则处于相对次要的地位。随着年龄的增长，这种情感依恋的重心便逐步由父母转向了朋友并日益加强。高中阶段是孩子从儿童（幼稚期）向青年期（成熟期）发展的过渡期，也是孩子独立走向社会的准备

期。这一阶段孩子在生理、心理和社会性等方面都迅速发展，自我意识不断增强，要求摆脱对成人的依赖，追求独立的意识越来越明显；与同龄人之间的交往越来越频繁，遇到事情时也大多愿意与朋友倾诉。

（2）对友谊的要求发生了变化

过去，孩子对朋友的选择往往以住处附近、同一个班、常在一起玩等条件为标准；进入高中后则开始注重寻求思想上的共通，要求彼此信任、相互接纳。他们通常认为朋友之间只要能够合得来即可，彼此的个体差异并不影响友情，甚至能够将朋友的弱点连同其优点一起接受。高中阶段的孩子，自尊心逐渐成熟，个人活动力增强，开始表现出自己的独立能力，日益看重自己在集体中的地位和形象。

（3）感受到在人际交往中男女存在的差异

进入高一的男孩大多活泼好动，对全新的环境非常感兴趣，与他人交往的欲望强烈；进入高一的女孩，在人际交往中最初一般不轻易向人敞开心扉，但熟悉环境后就会逐渐适应，交往心理和水平也逐渐平稳。

（4）对老师及师生关系有了新的理解

孩子对任课老师的看法、自己与老师的关系更加复杂。在孩子们看来，初中的老师有着代替父母奖罚自己的权力，是某一方面知识的权威性源泉。随着年龄的增长和思想的成熟，大多数高中孩子不再把老师看作父母的替身，老师的权力也不那么大了。他们更愿意把老师看作年长的朋友，更关注老师的知识水平和授课质量。

2. 孩子在思想、学习和生活上面临着新问题

经历了中考的磨砺，从进入高中那一刻起，孩子们就不可避免地面临人生阶段的新问题。

①思想上，对能否适应新的高中环境感到无所适从。

②学习上，从初中的“鹤立鸡群”到高中的“鸡立鹤群”，或者因考入一所并不理想的高中而觉得低人一等，对高中老师快、深、广的教学方式深感不适，从而面临更大的学业压力。中考是同一个城市考生的竞争，高考则是同一个省份考生的竞争。从考生人数上看，高考的选拔更严格；从考试的难度上看，高考的难度更大。诸多差异造成的压力是刚进入高一的孩子学习上不适应的原因之一。

③生活上，从父母悉心照顾到自己独立安排，摆脱父母管教的“窃喜”与能否照顾好自己的“忐忑”心情并存。孩子自身的心理结构需要根据高一学习和生活节奏的改变而不断优化。

实施指南

老师和同学是孩子在高中阶段学习和生活中朝夕相处的人，我们要引导孩子珍惜缘分、维护友谊，尊重他人、换位思考，真诚沟通、主动适应，从而共同进步、共同成长。

1. 主动与老师沟通，积极适应学习

我们要引导孩子主动了解高中的学习方式，了解高考综合改革的模式；多放大老师的优点，主动适应老师的教学风格；培养学科思维，掌握学习方法。

2. 谦虚待人，善待同学和舍友

每个人都是不同的个体，有不同的原生家庭、迥异的性格。我们要教育孩子在人际交往中真诚待人，注重合作精神，不要放大他人的缺点，不要斤斤计较，要多发现他人的长处。

3. 自知、自尊、自爱，见贤思齐

我们要引导孩子进行客观的自我定位，根据自身特点制订学习规划。要教育孩子，面对优秀的同学时不应妄自菲薄，而应见贤思齐；对于比自己能力稍弱的同学，要主动帮助，共同进步。

4. 主动参与集体活动，培养集体荣誉感

丰富的集体活动能让孩子更快地融入高一新的学习与生活环境中。

我们要鼓励孩子积极参加高一新生军事训练、高中学法指导学习、主题班会活动、团日活动、寝室设计大赛等活动。

指导孩子正确对待青春期恋爱

“校长，您好。我是高一年级 12 班学生李 ×× 的家长，打扰了！最近我发现孩子好像有早恋倾向，影响了学习，这个问题一直困扰着我，希望能得到您的帮助。不知道您什么时候方便接电话？谢谢！”这是一位家长给校长的短信。

不难发现，这位家长感觉到自己在读高一的孩子有了恋爱倾向，影响了学习成绩，便寻求学校的帮助。值得肯定的是，这是一位明智的家长：遇到问题时没有采用简单粗暴的方式应对，而是选择与学校沟通，避免与孩子发生冲突。后来，经过家校的共同努力，孩子没有越陷越深，在后来的学习生活中渐渐阳光开朗，积极参加课外活动，担任班干部和学校文体活动主持人等重要角色。

相信大多数家长对孩子青春期的恋爱问题是持否定态度的。那么，我们该如何指导孩子正确对待青春期恋爱呢？

案例分析

案例一　妈妈，我喜欢上了一个男同学

期中考成绩发下来了，小兰眼里泛着泪花。小兰平时性格内向、腼

腆，学习一直很努力，成绩也比较好，是妈妈心中的“乖乖女”，但这次考试成绩却“大跳水”。在妈妈耐心的开导下，她终于说出了真相。

“妈妈，对不起，我真不知道该怎么跟您说。最近，我喜欢上一个男同学，他很帅气，也乐于助人，经常帮助我解答问题。我一直没有告诉他我喜欢他，但是我的脑海里经常浮现他的模样。这次考试成绩大幅下滑，我很着急，但是我又静不下心来学习……”小兰大哭起来。

“孩子，这是成长中的烦恼，许多与你同龄的孩子也会遇到类似的问题……”妈妈给了女儿一个温暖的拥抱，和女儿敞开心扉，交谈起来。

歌德说：“青年男子谁个不善钟情？妙龄女子谁个不善怀春？”由于生理发育逐渐成熟，青春期的少男少女所面临的问题和困惑“来势汹汹”，而孩子们都明白高中阶段最重要的事情是学习，往往不敢向家长吐露自己的春心萌动。此时，我们要善于观察孩子的变化，更要未雨绸缪，大方而主动地引导孩子正确对待。在孩子升入高一后，我们应认真、开诚布公地和孩子谈一谈高中生恋爱以及性困惑方面的问题，以避免孩子通过不恰当的途径解决问题，甚至误入歧途。

案例二　父亲和儿子之间关于异性的谈话

在小益升入高中后的第一个周末，小益爸爸和儿子围绕“对异性的感受”这个话题进行了一次谈话。

“爸爸上高一时，班里有一位女生，笑起来甜甜的，让人看了就心动。班里的很多男同学都喜欢她，当然我也不例外。那时，作为数学科代表的我收作业的时候总是主动到她位置去，就是想讨好她，可她对我总是不理不睬，为此我还伤心了一段时间。后来，我一心想着学习，也就没那么关注她了。现在回想起来，觉得自己当时真傻呀，也很感谢当时那位女生对我的冷漠。儿子，你进入高中后有没有遇到这样的女孩呢？”

小益饶有兴致地听着爸爸的讲述，也开始侃侃而谈起来……

小益爸爸的做法是明智的。面对可能令孩子感到羞涩的问题，他并没有采用逼问的方式，而是通过聊天，主动谈及自己高中时的经历，消除孩子的顾虑，引导孩子将困惑说出来。在这个过程中，家长既对孩子的心理动向有了及时的了解，也巧妙地增进了亲子之间的感情。

我们平时可以平心静气地和孩子谈话。

“你对异性同学有没有好感呢？”

“你对异性怎么看？”

“你身边同学有没有在谈恋爱？你对这个现象怎么看？”

“你觉得正确的恋爱观是什么样的？”

……

案例三　高一版的“罗密欧与朱丽叶”

男孩小毅和女孩小梅彼此产生了好感，经常在一起讨论学习上的问题，遇到困难时相互鼓励，午餐和晚餐也经常在一起吃。周末时，他们还会频繁地打电话和网络聊天。双方父母知道了这件事，认为孩子谈恋爱会影响学业，多次对二人进行约谈，强行阻挠，言语时有过激。后来，小毅和小梅越来越不愿意回家。有一次，两人在学校艺术楼的角落里抱在了一起，被其他同学发现后报告了学校。

恋爱中的青春期孩子对家长的过分打压与干涉往往表现出强烈的逆反与抗拒，家长越压制他们不要去做，他们往往越要做，容易产生“罗密欧与朱丽叶效应”(如果出现干扰恋爱双方爱情关系的外在力量，恋爱双方的情感反而会更强烈，恋爱关系也会变得更加牢固)。因此，对于青春期孩子的恋爱，我们的态度不要过分强硬，而要积极引导孩子消耗过剩的生理激素，多看好书，多参加有益的文体活动，构建健康文明、积极上进的精神世界，让孩子体会到爱的本质是丰润彼此的心灵，促进自己的健康成长，体现自己的尊严与价值。我们要让孩子明白，高中阶段的任务是长身体、学知识、修品德、增本领，为将来步入更宽阔的人生之路做准备。

切忌采用羞辱的方式对待已经恋爱的孩子。若家长过多地指责恋爱中的孩子，尤其是找到孩子恋爱的证据后对其施加暴力羞辱，就很容易让孩子留下心理阴影。若自尊心遭受严重打击，孩子便很难认同自己，可能会在他们未来的生活中觉得恋爱是羞耻的事情，还有可能产生今后不愿意恋爱、不愿意结婚的想法。

案例四 不让男同学牵手的小莉

元旦就要到了，学校组织迎新晚会。经过讨论确定，高一（2）班全班跳集体舞，舞蹈过程需要每个同学手拉手，可小莉怎么也不让男同学牵她的手。经过和小莉单独的谈话，班主任了解到，小莉的妈妈曾告诫小莉：读书的时候，不能和男孩子接触，因为男孩子大都图谋不轨，想占女孩子便宜……

小莉的妈妈所灌输的“男孩子大都图谋不轨”的观念，导致小莉对异性形成了错误的认知，无法参与青春期正常的教育教学及社交活动。当前，不少青年不相信爱情甚至畏惧婚姻，也可能与其青春期所受的教育有关，或者与某个阶段未能建立正确的爱情观和婚姻观有关。

了解孩子

丹东市某课题研究小组曾对市区 2979 名高中生进行了一次关于高中生性观念、性态度及性行为的问卷调查。该调查采用了分层随机抽样的方法，先根据学校类型、学校属性等因素，随机抽取该市示范性高中、普通高中、职业高中各 4 所，然后采用随机整群抽样的方法，在各抽中学校的 3 个年级里，每个年级随机抽取 2 个班级，以被抽取班级全体学生为调查对象，通过无记名问卷完成调查。该调查共发放问卷 3000 份，收回有效问卷 2979 份，有效率为 99.3%。其中男生 1542 人，女生 1437 人；年龄最小的 14 岁，最大的 19 岁，平均年龄为 16.3（±1.1）岁。对于“在高中是否谈过恋爱”这一问题，回答“没有”的为 69.1%，“正在谈”的为 17.5%，“曾经谈过”的为 13.4%，其中“正在谈”和“曾经谈过”的调查对象在职业高中学生中的占比相对较高。在“对恋爱的态度”这一问题上，64.0% 的孩子选择“顺其自然”，而认为“为时过早”的占 5.5%。大部分高中生对恋爱持认同态度，重点高中的孩子选择“顺其自然”（55.3%）和“不影响学习时可以”（19.8%）的超过总数的3/4，职业高中学生对此观点的认同率更是达到近九成①。如果考虑到孩子有可能隐瞒事实这一因素，高中孩子恋爱现象的实际状况也许比调查反映的还要普遍。从近几年的调查上看，高中青春期恋爱的比例还在提高。

2019年，全国妇联、教育部等九部门印发的《全国家庭教育指导大纲（修订）》指出，15～18岁阶段的儿童已经进入青春中后期，“儿童在外貌上与成人接近，身体各器官逐步发育成熟，发育进入相对稳定期；认知结构的完整体系基本形成，抽象逻辑思维占据优势地位；情绪不稳定，情感内隐，易感到孤独；重视同性和异性的友谊，并可能萌发爱慕感情；自制力和意志力增强但仍不成熟；独立性强，有决断力；观察力、联想能力迅速发展。”随着我国人民生活水平的不断提高，孩子的生理发育年龄较以前要早，而随着生理成熟的加快，15～18岁孩子的心理也发生明显的变化，对异性的态度正在经历一个重大的转变——由疏远、反感到向往、追求。一般来说，刚刚进入青春期的初中生因为身体出现第二性征而开始关注两性的差别，与异性相处时会产生不安和害羞的心理，常常会有意与异性划清界线；但到了高中阶段，这种疏远和反感却被向往与追求所代替，他们的关注点开始从自己向异性转移，他们渴望被异性吸引，也渴望吸引异性，试图以直接或间接的方式接近异性。

实施指南

高中孩子正处在世界观、人生观和价值观逐步成熟的时期，特别是在高一阶段，孩子们刚摆脱父母的“监控”，来到新的环境，需要被

① 崔士民、蔡冬业、解鸿鹏：《丹东市高中生性观念和性行为调查》，《中国健康教育》2014年第4期第306-309页。

认可、被关爱。这个时期的恋爱问题不仅困扰着学校和老师，困扰着家长，也困扰着处于青春期的孩子们。

高中学校基本都会给学生开设有关青春期交往等内容的课程，也配备专职的心理教师给孩子进行心理辅导；有些学校还专门邀请专家进校，分别对男生和女生进行性教育。但是课程的时间是有限的，发挥的作用也因人而异，针对性格迥异的学生，这些举措还无法做到个性化的帮助。我们家长需要主动发力，妥善帮助孩子摆脱成长的困惑与苦恼。

1. 正确看待青春期对异性的好感

青春期的孩子对异性有好感是心理发育的正常现象，高中阶段男女生的性别意识更强，对异性的吸引力也增强。一般来说，“异性效应”可以取长补短，完善个性，营造良好的氛围，提高学习和活动的效率，激励个体奋发向上。

2. 告诉孩子男女生交往的基本原则

（1）在公开场合进行

鼓励孩子参与学校的各种文体活动，开展正常的异性交往活动，不压抑与异性交往的需求，帮助孩子学会正确认识和理智控制情感。要求孩子不到光线较暗、私密的空间交往，不要私自约会。

（2）保持社交距离

男女生交往时要保持适当的距离，且交往不宜过于频繁。

（3）语言和情感要适度

遵守交际礼仪，不使用暧昧的语言；学会自我调节，不要倾注过多的情感，避免因彼此过于亲密而引起情绪波动。

（4）扩大交往面

扩大男女生交往面，可以从更多的异性身上吸取优点，见贤思齐，丰富自己，同时也让男女生的友谊变得更加单纯，留下让自己珍惜和难忘的青春记忆。

3. 引导孩子学会正确的情感表达

（1）当有了倾慕的人

把这份美好的情感珍藏起来，化作努力的动力。只有最合时宜的爱情才会结出最美、最甜的果实。

（2）当收到异性的“表白”

不要嘲笑，更不要大肆宣扬或公开批判，而要立场坚定地表明自己的态度，保持尊重，避免双方受到伤害。

（3）当自己的“表白”被拒绝

尊重对方的选择，不要心怀怨恨，更不要因此自我贬低，而要理智对待这份悸动。爱应该是真诚的，也应该是相互尊重的。

4. 与学校形成合力，帮助孩子愉快地度过青春期

（1）用正确的舆论引导

让孩子对异性交往有正确的认识，营造宽松、愉悦的氛围，减轻孩子的心理压力。

（2）以活动为载体，创设男女生正常交往的平台

例如，由家长委员会牵头，开展孩子和家长共同参与的主题班会或者户外活动等，为处于青春期的孩子搭建一座异性交往的桥梁，帮助孩子以阳光、自信的姿态投入学习中，让自己的人生方舟驶向理想的彼岸。

延伸拓展

阅读推荐

1.《高中3年，从高一到高三全知道》（主编：方舟；出版单位：朝华出版社）

本书聚焦孩子在高中可能遇到的问题，阐述了高一“打基础期”——

协助孩子适应高中生活、稳扎稳打，高二“成绩转折期”——帮助孩子快速提升成绩是重中之重，高三“最后冲刺期”——关注升学、报考、择校、就业等内容，科学实用，可操作性强。

2.《家有孩子上高一：陪孩子走过高一关键期的66个细节》（著者：星昊妈；出版单位：北京理工大学出版社）

作者根据多年的教学经验和家庭教育经验，从自身经历出发，对如何陪孩子走过高一关键期的66个细节进行解读，细致地分析了孩子在高一阶段应该如何教、应该注意什么等问题。本书还阐述了孩子在高一阶段会遇到哪些难题、家长如何引导孩子解决这些难题等。

3.《爱沟通　能沟通　善沟通——家长培养孩子沟通能力的高效方法》（编著：武庆新；出版单位：北京工业大学出版社）

本书立足于孩子与他人沟通交流的实际需要，结合孩子成长的特点，从交流过程中必须掌握的技巧和方法入手，为父母深入细致地培养孩子高效沟通的能力提供了实用的方法。

评估改进

一、自我评估

测测你对孩子学习、生活、人际关系的了解程度。

（1）你了解高中阶段的考试模式吗？（　　）

A. 了解　　B. 比较了解　　C. 不了解

（2）你了解高中教师的教学模式吗？（　　）

A. 了解　　B. 比较了解　　C. 不了解

（3）你了解孩子学习方式的变化吗？（　　）

A. 了解　　B. 比较了解　　C. 不了解

（4）你了解孩子生活方式的变化吗？（　　）

A. 了解　　B. 比较了解　　C. 不了解

（5）你能心平气和地和孩子讨论问题吗？（　　）

A. 能　　B. 有时能　　C. 不能

（6）你能坦然看待孩子的学业成绩吗？（　　）

A. 能　　B. 有时能　　C. 不能

（7）你会指导孩子与同学、舍友友好相处吗？（　　）

A. 会　　B. 有时会　　C. 不会

（8）你会对孩子进行性教育吗？（　　）

A. 会　　B. 有时会　　C. 不会

（9）你的孩子能融入新的环境吗？（　　）

A. 能　　B. 有时能　　C. 不能

（10）孩子认可你的教育理念和方式吗？（　　）

A. 认可　　B. 有时认可　　C. 不认可

【评估参考】

选择A、B、C，依次得3分、2分、1分。

总分越高，表明父母对高一阶段孩子的学习、生活、人际关系等方面的了解程度越高，两代人的关系较为融洽，父母对孩子的成长有积极的促进作用；总分越低，表明父母对孩子的了解程度越低，建议及时进行沟通，改善关系。

二、改进计划

表 5.2　改进计划表

序号	我的收获	我的改进行动
例	当孩子主动向我倾诉学习和生活上的烦心事时，他（她）也许只是需要宣泄自己的情绪而已。	1. 少说多听。先听孩子完整地描述事情，启发孩子独立思考，不轻易评判，鼓励孩子分清责任，采取可行的措施。 2. 和孩子分享自己的经历，或者寻找相关的解决问题的案例，为孩子解决问题提供范例。
1		
2		
3		

第六专题 如何和孩子一起看社会

“育儿即育己。”父母和孩子的相遇，是一场缘分，也是一场修行。双方在相互成就的同时，实现了两代人的各自超越。

孩子总有一天会走出校园，拥抱社会，由“小我”变成“大我”。我们要做的就是帮助他们提前了解社会，以免孩子未来惊慌失措；与孩子共同成长，做好孩子的第一责任人和最佳“军师”，积极鼓励、用心陪伴孩子，给孩子足够的安全、信任和温暖。

专题目标

1. 了解专业和职业的区别与联系，有效帮助孩子做好职业生涯规划。

2. 了解学校和班级管理制度，教导孩子树立规则意识，敬畏社会规则，遵守社会秩序。

3. 学会家校合作的方法和技巧，积极参与活动，促进家校和谐，助力孩子健康成长。

大社会——了解专业与职业

有些家长在孩子填报志愿时容易跟风，听到别人说什么专业好就想让孩子填报什么专业，听到别人说什么职业挣钱就鼓动孩子选择与该职业相关的专业，迫使孩子屈从家长的意愿，替孩子做未来职业的种种设想；或盲目乐观、盲目支持，没有全面考虑孩子的优势和个性特征。这些做法不仅容易恶化亲子关系，还可能导致孩子将来的生活和工作都不如意。

在孩子进入高中时，我们就要开始和他们就职业规划和专业选择的问题进行沟通了。指导孩子有效选课，有助于孩子做好专业和职业的选择。

案例分析

案例　所选专业不合心意

小微在填报志愿时选择了经济学专业，她认为读这个专业在毕业后可以进企业做白领精英，或者自己开公司。然而，她在大学第一学期就无法适应专业的教学模式，最终不得不退学复读。她后悔地说："当初没有好好了解这个专业，后来才发现它并不适合自己，只好重新参加高考再选一次。"

无独有偶，小利考取了某科技大学，但开学两个月以来他一直向父母和高中班主任哭诉，吵着要回高中复读，原因是现在学的工程专业不是自己想学的专业。

不少上了大学的孩子选择退学复读，仅仅是因为所报选专业不合心意。我们要提前了解孩子心仪的专业，了解专业和职业的不同，以更好地帮助孩子选择，为孩子出谋划策。

（1）专业选择易产生的误区

北大方正教育心理研究院曾给全国1万多名高中生做了专业选择评估，发现家长和孩子在专业选择上普遍存在两大误区：一是把职业与专业当成一回事。案例中的小微之所以报读经济学是因为想将来做白领精英，而经济学主要是培养研究和教学类人才的。有的家长和孩子把“新闻学”和“记者”、“法学”和“律师”混为一谈，也陷入了类似误区。二是把自己某一科的成绩当作专业选择的主要依据。成绩对专业选择虽有影响，但没有必然的逻辑关系，专业的选择方向应该是由综合素质决定的。

此外，不少家长和孩子对专业的认识不足，要么没听说过，要么听说过但不知道具体是什么、学什么、怎么学，导致盲目选择，埋没了孩子在其他专业的潜能。这不但不利于个人的发展，而且会造成人力资源的浪费。

（2）专业与职业的区别与联系

专业是指人们专门从事的某种学业或事业，填报志愿时选择的专业则指根据科学分工或生产部门的分工把学业分成的门类，它主要帮助学生掌握更多专业知识和技能；职业是指个人在社会中所从事的作为谋生手段的工作，是劳动者获得的社会角色。个体通过职业参与社会分工，利用专业知识和技能，创造物质和精神财富，获得合理报酬，以满足生活需求。

从概念和内涵来看，二者是有明显区别的。专业注重学术性，职业注重实用性；专业体现的是自身的素质和技能，通过职业可以实现价值。专业与职业既不完全统一，又有着必然联系。

一般来说，人们可以按专业大概估计与之匹配的职业领域。如学工科，可以当工程师、技术员、技师、技工；学农科，可以当农业劳动者、农业技术员或参与农业经营；学服务，可以当服务员、营业员、售票员以及经理；等等。专业可以对应一个具体职业，也可以对应多个职业，甚至更宽广的职业群。以计算机专业为例，它所对应的计算机专业群包括计算机硬件和软件开发人员（如计算机制造工程师、专业软件编制员、计算机调试和维修人员、网络安全工程师、计算机辅助设计人员、计算机培训人员、计算机信息网络工程师等)。大学专业的学习不是为某个特定的职业做准备，而是为运用对应领域的通用技术奠定基础，使学生在相通的职业群中多专多能。

当我们了解专业和职业的区别与联系之后，就知道应该为高中阶段的孩子提供哪些支持和帮助了。

了解孩子

从孩子进入高一开始，我们就可以提前为孩子将来的专业选择做功课了。同时，我们也要帮助孩子认识自身的职业兴趣。

1. 用 SWOT 分析法等工具帮助孩子进行自我分析

高中孩子在职业生涯规划上，要综合认识和考虑自己的职业兴趣、职业能力、职业社会价值和就业机会等因素，为自己大学专业和未来职业选择做准备。

我们帮助孩子了解自己的兴趣和性格特征后，还可以让孩子使用职业测量工具(如 SWOT 分析法等)，进一步了解自己，做出有效评估。

以 SWOT 分析法为例：

“S”指优势(Strengths)，包括学习到的知识，做过的成功的事等。

“W”指劣势(Weaknesses)，包括性格弱点，经验或经历中所欠缺的方面等。

“O”指机会(Opportunities)，包括在社会、学校、家庭、朋友等外部环境中存在的有利因素。

“T”指威胁(Threats)，包括在社会、学校等外部环境中存在的不利因素。

综合评估以上四方面，最终判断自己未来适合的发展方向。

2. 帮助孩子搜集适合其气质的职业资料

我们可以根据孩子的性格特征，判断孩子的气质，并据此大致了解适合孩子的职业。（见表 6.1）

表 6.1 希波克拉底“气质分类”及其适合职业举例

气质类型	性格特征	适合职业
黏液质	内心平和、自制力强，能很好地利用协调性、积极性、社会性和稳定性来发现自己的才能、发挥卓越的能力	学术研究、教师、医生、漫画家、艺术家、服装设计、广告宣传、新闻从业人员等
胆汁质	思维敏捷、精力旺盛，属于外向型。具备行动性和直觉性，相信实实在在的事，不相信虚无的东西	记者、作家、图案设计师、实业家、护士、企业家、业务员、营销员等
抑郁质	情绪敏锐、思想深刻，不是单凭聪明去处理问题，而是把自己所掌握的工作内容在头脑中进行组合和计算，先确定范围，然后逐一做好	企业的一般事务管理人员、财务人员、统计员、人力资源专员、教育培训者等
多血质	善于交际、活泼自信，有较强的适应能力；喜欢体验和锻炼，重大局，不贪小利，不感情用事	政治家、外交家、商务人员、公关策划、艺术家、律师等

每个人的性格气质、爱好兴趣及发展方向都各有不同。瑞士心理学家荣格也根据性格特征列举出了适合不同性格的职业。（见表 6.2）

表 6.2 荣格“性格分类”及其适合职业举例

性格类型	性格特征	适合的职业
外向型	做事节奏快、精力旺盛；积极乐观、充满自信，好胜心强；喜欢管理，不轻易退缩，有时言过其实	管理人员、律师、政治家、教师、推销员、警察、售货员、记者、人力资源工作者等
内向型	慢节奏、有耐心、更具有顽强精神；处事谨慎，不愿过多参加活动；有出色的辨别力，倾向于幕后工作，不擅长广泛交友，对新奇事物兴趣不大	自然科学家、技术人员、艺术家、会计师、一般性事务工作者、程序设计员等

我们可以帮助孩子搜集他（她）感兴趣职业的相关资料，给孩子提供有效的职业选择参考。

专业的选择需要科学评估

一位妈妈在儿子选择专业前做了科学评估。儿子属于抑郁质，性格内向，放假时可以待在家里2个月不出门，是典型的“宅男”。他心思缜密，做事很有毅力。经过多方面评估和亲子沟通，妈妈最终认为软件工程专业非常适合儿子，儿子也对这个专业很感兴趣，信心满满。于是，妈妈和儿子一起搜索了很多与软件工程专业相关的信息，咨询了从事相关工作的人士，对这个专业有了更清晰的认识，对毕业后的职业选择也有了明晰的方向。后来，儿子如愿以偿地考上了某大学的软件工程专业。当他得知有同学因为选了不适合自己的专业而退学复读时，不无感慨地说：“幸好报志愿时，妈妈陪我一起做了那么多的咨询和分析，我很庆幸选择了适合自己的专业。”

我们可以通过图书馆和网络等渠道搜索和下载关于高校专业的信息，和孩子一起分析这些专业的特征，了解相关职业的社会背景、发展趋势和法律法规等；还可以找专业的潜能测试机构更深层地了解孩子的潜能，综合考虑从事职业生涯规划的专业人士的建议。

实施指南

1. 参加志愿服务，培养社会责任感

我们可以和孩子参加节假日义工活动，让孩子更多地接触社会，培养孩子的社会责任感。

体验环卫工作

夏天的 4:30，天色还很暗，老师、家长和孩子们早早到达了火车站，开始了一天的学雷锋志愿活动。孩子们在火车站现场采访环卫工人得知，环卫工人每天早上 4:30 之前都需要到环保区域开始环卫作业；花坛、人行道、下水道附近等地方都需要一一清扫、用水冲洗并进行消毒。全部清扫工作需要在 6:30 前完成，然后等垃圾车来装车，整个流程需要持续到 22:30。参加了这次劳动体验的孩子们深感环卫工人的艰辛，直说“今天太累了，吃饭没胃口”，还说“能否有智能扫街机器，让环卫工人不要那么累”“希望大学毕业后致力于环保节能开发，为人居环境的干净美丽贡献力量”等。这一次义工活动，让孩子们对未来有了新的规划。

体验真实的社会场景，是让孩子认识社会的绝佳途径，能够培养孩子的社会责任感。对于志愿服务，我们可以指引孩子关注所在城市的社会机构发布的通知，选择合适的时间和项目报名。

〉〉〉 2. 绘制家族职业图谱，便于理性选科

家庭（家族）成员对所从事职业的态度会对孩子未来的职业选择产生一定影响。如果父母热爱自己的职业，那么孩子也很容易因耳濡目染而选择从事同一职业；如果父母对自己职业的认同指数不高，那么孩子一般也不会选择这一职业。

家族职业图谱可以反映家族的事业人脉关系。我们可以通过思维导图，跟孩子一起绘出至少五代家族成员从事职业的图谱，因为一个家族的职业体系往往至少经过三代才能体现。

曾国藩“耕读传家”影响家族发展

曾国藩的爷爷曾玉屏因没有文化而被人鄙视，于是通过辛勤种地，渐渐开始置办产业。曾玉屏深知读书才能出人头地的道理，对儿子曾麟书极为严格，讲究“耕读传家”。最终，曾国藩的父亲曾麟书在 43 岁第十七次乡试时考上了秀才。曾国藩秉承家训，努力读书，虽两次落榜，第三次才中进士，但其一生饱览群书，最终成为“晚清四大名臣”之

一。曾家“耕读传家”的职业理念深入其子孙的骨髓。曾国藩终生倡导“寒素、勤勉、笃学”的家风，良好的家风使曾家在此后的百余年间先后涌现出 240 多位优秀人物，在各个领域均有杰出贡献。

我们可以和孩子一起梳理家族职业谱系，了解家族成员从事职业的信息。对职业的种类和内容了解得越多，对孩子理性选科、理性选择高校和专业、理性选择职业的帮助越大。

3. 进行职业体验，近距离了解职业

参观职业环境

某校高一某班的学生在家委会的组织下开展了不同的职业体验活动。全班分成了 8 个职业体验小组。家长们主动联系了相关企业，由导师带队，集体前往参观。“金融体验组”跟随昊昊爸爸到银行参观学习，孩子们学会了识别真假钞票的小技巧，学习了基础理财知识，还体验了银行职员的基本工作，如在银行门口做导引员，导引大家办理相应理财业务等；“医务体验组”在灿灿妈妈工作的医院体验了在 3 分钟内紧急施救的方法，孩子们学会了基本自救常识；“天文地理组”在彤彤爸爸的带领下去气象局参观气象监测站，孩子们明白了“天气预报为什么有时不准”，以及如何更好地进行天气监测，为当地农业、生活、工作提供更精准的播报……孩子在职业体验中既加深了对职业的理解，也明白了从事哪些职业要考取哪些专业。

加强职业体验之前要确定主题、时间、地点、步骤、分工、成果，事后要及时交流总结，才更具针对性和有效性。故事中的家长和孩子在参加职业体验后，都各自递交了体验报告。这场职业体验为孩子高二选课走班提供了一定的依据，孩子们的选科不再只“跟着感觉走”。

此外，我们还可以通过和孩子一起采访各行业的从业人员、发放调查问卷等方式了解不同的职业。

4. 理性当好参谋，尊重孩子选择

我们要明白，在职业选择和职业规划中，孩子才是主角。我们在专

业和职业上给孩子的建议，不能道听途说、人云亦云，而应经过科学分析，以正确的态度参与孩子职业规划的指导，不可喧宾夺主，更不可越俎代庖。人生的职业规划没有正确答案，只有合适的选择。我们应和孩子进行深入的研究和探讨，搜集大量相关资料并咨询专业人士，对职业选择进行科学理性的分析。

我们要善于换位思考，多站在孩子的立场，倾听孩子的心声。我们的观点仅供孩子参考，最后的决策权应该在孩子手上。家长只有将自己定位为参谋角色，才能在和孩子意见相左时冷静处理，尊重孩子的选择。

尊重孩子的决定

一位妈妈就本科毕业后是否考研究生的问题多次和儿子进行深入交流。儿子认为他学的是软件工程，将来也想从事程序员的职业，而程序员的黄金职业生涯大多只有十几年，所以他宁愿花时间攻技术，也不愿意继续读研。最终妈妈尊重儿子的决定，从此儿子在专业学习上比其他同学钻研得更为精进，还获得了 2 项专利和 1 项成果奖，具备了入职大公司的实力，并顺利收到国内多家大型公司的录用通知书。看着孩子做着自己喜欢的事情，妈妈深感欣慰。

当父母对孩子的选择给予足够的尊重时，孩子就会全力以赴，并且真正将父母当成他们的坚实后盾。

父母只是孩子人生路上的陪伴者，不能替代孩子思考，也不可能永远帮孩子解决困难。人生成功与否不是以面子、以外界的评价为标准，而是要靠自己来定义。即使孩子平凡，只要他开心快乐，这一生就是幸福的。

如果家长只凭感觉行事，就很容易错误地引导孩子，给孩子未来的发展带来负面影响，甚至使其抱憾终身。

盲目跟风害了谁

一位参加工作多年的妈妈谈起她当年填报高考志愿时盲目选择专业给她带来的痛苦："当初高考，我如果不选择计算机专业，现在就不会这样混日子。"当时，她的父母和亲戚朋友一致认为计算机专业就等于高薪职业，而且当年计算机专业的录取分数还普遍比其他专业高出二三十分，是名副其实的“香饽饽”。而她进了大学后才发现，该专业所学内容与自己的兴趣严重不符。因为不喜欢计算机专业，也不愿意再考研究生，她在本科毕业后回到当地，进入一所普通高中担任计算机老师。结婚后就相夫教子，不愿再谈自己青春时的梦想。她后悔地说：“我曾经如此热爱运动，想做一名运动教练，可是现在……唉！我绝不会逼我的孩子做不喜欢的事情，盲目报考专业。”

这位妈妈虽然对现在的工作认真负责，但过得并不快乐。为人母的她十分后悔自己当初填报志愿时的盲目，不想让自己的孩子重蹈覆辙。与其让孩子选择不喜欢的专业，将来从事不感兴趣的工作，还不如让孩子根据自己的兴趣爱好和性格特征选择心仪的专业，将来从事能让自己快乐的工作。当职业工作和个人兴趣能够平衡、物质与精神满足并重时，人们才会有较高的幸福指数。

在孩子做出选择前，我们应该和孩子深入沟通，给孩子多种选择的可能；对孩子做出的决定，我们应该给予尊重，切忌用爱的名义绑架孩子。孩子的人生之路需要由孩子自己去走，我们只需尽力陪伴，而不应妄加干涉。

小社会——了解学校和班级管理制度

除了关心孩子的学习，我们还有必要了解孩子的学校和班级管理制度吗？答案是肯定的，而且非常必要。正如我们如果需要到另一所城市工作一段时间，就得先了解那里的风土人情、气候特点，以便尽早适应，而不至于因水土不服而生病。所以，家长有必要了解孩子长期生活和学习的地方。

案例分析

案例一　不适应寄宿生活

刚上高一的小刚周末回到家中闷闷不乐，抱怨学校管理制度烦琐、同学不友好。原来，老师要求每位寄宿生轮流值日，打扫卫生和整理宿舍内务。而小刚从来没做过家务，不会也不愿意动手，舍友们也因此都不想和他交往，说他“不讲卫生”“不为他人着想”。小刚烦恼极了。妈妈得知后开导小刚：“儿子，寄宿生值日是为了培养同学们的生活自理能力。这事儿怪妈妈，以前没注意培养你这方面的能力。从今天开始，妈妈陪着你，我们一样一样地学。”在妈妈的开导和帮助下，小刚认同了学校的制度，端正心态，积极改正错误，最终收获了真挚的友谊。

案例二　爱迟到的同学

小潇每周都迟到很多次，今天早上他又迟到了。班主任批评了他几句，罚他站在教室外早读。没多久，小潇的爸爸赶到了学校，说迟到是个小问题，班主任不应该小题大做，当着全班同学的面批评孩子，伤了孩子的自尊心，并语气强硬地要求班主任向孩子道歉。小潇觉得爸爸的做法很过分，让他颜面尽失，回家以后跟爸爸大吵了一架。

1. 家长的态度影响孩子的态度和发展

从以上两个案例可以看出，家长对学校和班级管理的态度，会直接影响孩子对周围人和问题的看法，影响孩子的成长。

在教育惩戒问题上，护子心切是人之常情。但如果家长只为自己的孩子着想而不顾对他人和集体的影响，人人都不遵守秩序，这个社会将因毫无章法而混乱不堪。

美国政治学家威尔逊和犯罪学家凯林提出了“破窗效应”：如果有人打碎了一幢建筑物窗户的玻璃，而这扇窗户又没有得到及时修理，人们就可能受到这一块破窗户的暗示而去打碎其他窗户的玻璃。久而久之，被打碎的玻璃越来越多，整幢建筑物将会变得破烂不堪。“破窗效应”基于心理学原理，提出“在条件许可的情况下，人们会优先表现自己的消极性心理”的观点。

再以闯红灯为例。在一个红灯路口，人们都在耐心等待，这时候如果有某个人闯红灯，那么就会有更多的人跟着闯红灯，因为第一个闯红灯的人在用自己的行为暗示那些遵守交通规则的行人：违反交通规则很可能并不会受到惩罚（条件许可），反而会得到优先通行的便利（符合人的消极性心理）。于是在消极性心理的作用下，闯红灯的人越来越多。

将“破窗效应”延伸，我们来分析孩子违纪带来的后果。违纪行为好比在“纪律”这幢完整的建筑物上打破了一块玻璃，对违纪孩子本人和其他孩子都会产生影响。如果对违纪行为缺乏及时和有效的教育，那么可能会产生以下后果：第一，违纪孩子本人可能会有更加严重的违纪行为。实践证明，不少孩子的严重违纪，往往都是从最初的一般违纪开始的，一般违纪行为继续发展将会严重影响学校的教育秩序。第二，“破窗效应”会对其他孩子产生不良影响，进而引发更多、更严重的违纪行为。孩子的某些一般违纪行为（如迟到、不按时完成作业等）并不会造成非常严重的后果，但如果不及时处理，由此产生的“破窗效应”却足以破坏班级乃至整个学校的正常教学秩序。

了解了“破窗效应”的危害，我们就能够理解为什么学校和班级常常狠抓学生的迟到、欠交作业、上课打瞌睡、上课讲小话等“小违纪”了。千里之堤，毁于蚁穴。“小违纪”不抓，最后往往会演变成“大违纪”。只有家长和学校保持态度一致，才能让孩子重视和树立规则意识，反思和改正自己的违纪行为。

>>> 2. 认识学校和家庭管理的不同

家庭实施个别化教育，而学校实施的是整体、统一性的教育。当个性差异遇到学校的统一管理时，家长要理解学校规章制度，要有大局观和集体意识。家长的大局观和集体意识也会自然而然地帮助孩子形成为集体着想的意识。

学校和班级管理的底线是做到有序不混乱，所以十分强调纪律。了解学校的底线，我们就能有意识、适时地提醒孩子不要触犯底线。

了解孩子

1. 了解孩子特定年龄的心理特征

高一孩子正处于青春叛逆期，易情绪化，容易和他人发生冲突。他们讨厌规则和束缚的同时，也会意识到如果没有规则，社会就会混乱。

这样的矛盾很容易让孩子们上一刻还兴高采烈，下一刻就痛哭流涕；一会儿还充满斗志，一会儿可能就感觉自己被全世界抛弃。他们拥护法律和秩序，但若遇到社会不良现象，就有可能对秩序产生怀疑、失望甚至蔑视。他们会因父母的各种“不允许”而偏要行事，会因父母反对自己玩游戏而偏偏变本加厉地沉浸其中，会因父母阻止早恋而非要对抗以示自己的独立……当我们认识到了青春期孩子特有的心理特征，也就明白孩子违纪的原因了。

2. 理解孩子对高中管理制度的不适应

从管理制度来看，高中学校的管理更趋向学生的自主管理，自修课增加，高一孩子日渐独立，对班级管理要求民主，参与感更强；从学习内容来看，知识难度加深，对抽象理性思维能力提出更高要求，学习中要有足够的战胜自我的勇气和耐心；从孩子心态来看，外界的表扬减少，自我内驱力增强，一些看重表扬的孩子就会感觉老师不够重视自己，心理失落感增强；从人际关系来看，高中更注重合作学习，良好的人际关系有助于提高学习效率。

3. 明白孩子对高中寄宿生活的心理状态

孩子在学校寄宿面临着生活自理、学习自主、人际互助等系列问题，以往“以自我为中心”的意识在集体生活和宿舍管理规则中面临巨大挑战，需要处理“我和他人”“我和集体”的关系。面对整理内务（如打扫卫生、洗衣服等）时，平时较少做家务的孩子可能会有些手足无措，过于依赖父母的孩子显得尤为被动和孤立无援。

实施指南

我们要主动了解学校和班级的管理制度，多观察、多思考、少评判，形成家校合力，帮助孩子成长。这些制度不是凭空制订的，而是根据学校的历史传承、校风校纪等实际情况不断完善形成的。

1. 主动了解学校和班级的管理制度

①查网站。可以通过学校的网站或其网络平台公众号来了解学校的管理制度，也可以在校园贴吧等论坛上了解在读学生或者历届校友对学校的评价，这些都有助于我们了解学校的管理制度。

②找校友。如果邻居或亲朋好友的孩子上过这所学校，我们也可以找他们聊聊，以得到第一手资料。

③问班主任。向班主任询问学校和班级的管理制度，做到心中有数。

④问孩子。和孩子在轻松的氛围中聊天，在吃饭时、放学后、周末时，听孩子聊聊学校大事、班级同学和老师风格，了解学校和班级的规定和管理制度。

⑤问其他家长。向家委会或者其他家长询问班级规定，尤其是班级的临时规定或措施。临时规定或措施的制定通常是由于学校或者班级的特殊情况（如周末外出参加社会活动实践及其相应要求等），及时了解便于我们调整家庭作息和生活节奏，比如，可能原来计划的家庭聚餐需要改时间，需要家长配合的可以调整工作安排来参与，等等。

2. 帮助孩子了解学校和班级规则

（1）学习学校办学理念和班主任管理理念

有的学校倡导“让每一个学生全面发展”，有的学校提出“立君子创未来”，有的学校在百年历史中坚持“做芳直不屈的教育”……我们可以通过校训和办学理念来了解学校的办学历史，感受校园的文化气息，从而了解学校对孩子培养的特色和优势。

同样，秉承着文化育人的目的，不同班主任也有不同的带班理念和管理方式。我们可以主动与班主任沟通，了解其性格特点和教学风格，以便孩子能更好地适应班级管理的模式。

（2）学校特色和班级管理特色

有的学校注重体育锻炼，有的学校注重自主管理，有的学校注重学生合作探究，有的学校的研学非常有特色……班级管理也是如此。我们应鼓励孩子适应学校和班级的管理特色，发展自己的爱好和特长。

（3）学习学校和班级管理的差异

由于学校和班级理念不同，孩子的特点各不一样，学校和班级管理制度的侧重点也会不同。我们要重点了解孩子就读的高中跟孩子以前所在学校和班级的不同之处。

作为家长，我们要做遵守规则制度的典范，成为孩子的榜样。当我们将规则当成追求有序生活的指南时，规则才会真正外显有规，内涵有德。

3. 认同并支持学校和班级的管理制度

当孩子对学校或班级管理工作中的某些行为不认同，或者孩子违反学校或班级管理制度时，我们首先要肯定学校和班级的管理制度，才能有效配合老师做好孩子的思想教育工作。高中的孩子不需要家长过分保护，只需要家长的默默支持和情绪疏导。如果连我们家长都对学校和老师的管理产生偏见，又如何说服孩子遵守规则呢？

也许有些家长会想，我的确不认同学校和班级的一些管理制度，怎么办？其实，只要出发点是好的、理念是对的，且有利于孩子身心健康发展和良好习惯养成的，我们不妨放宽心，信任学校和老师的管理方法。何况高中的孩子已经具备了承担责任的能力，犯了错就要服从规则、接受处罚，孩子才会在错误中吸取教训、得到成长。我们要做的就是配合学校和班级，做我们该做的、能做的事。

4. 发现制度不合理时，通过正式渠道善意反馈

当学校的一些规章制度还没有随着时代的发展和社会的变化而及时调整时，我们可以向班主任或者学校办公室反映，积极参与家校沟通，共同促进孩子发展；切忌盲目举报甚至大打出手，将自己和孩子变成学

校和老师的对立面。作为专业教育者，学校和老师的教育理论远比家长深厚，教育实践远比家长丰富，我们对学校和班级的制度应该怀有谦逊之心、敬畏之心。

家校合作——做支持孩子发展的共同体

习近平总书记关于家庭家教家风建设的系列重要论述，以及教育部等多部委下发的系列重要指导性文件，将家庭教育提升到前所未有的国家发展战略高度，为推动家庭教育工作指明了方向。随着 2020 年 8 月《家长家庭教育基本行为规范》的印发和 2020 年 10 月《中华人民共和国未成年人保护法》的修订，家校协同共建的家庭教育网络生态系统在制度上日趋完善。2022 年 1 月 1 日起正式实施的《中华人民共和国家庭教育促进法》，标志着家庭教育被正式纳入国家教育事业发展规划和法治化管理的轨道，也标志着家庭教育和家校合作步入快车道。

那么，家长在家校合作中扮演什么角色，通过什么途径和方法做好家校合作？当孩子在学校或班级与老师或同学发生冲突时，我们该如何与学校配合，帮助孩子解决困惑，为孩子成长助力？

案例分析

案例一　逃课的微微

微微的父母工作忙，常常顾不上对微微的管教，导致她养成了散漫的生活习惯。一天，微微向老师请假，理由是“因奶奶去世，须请假三天”。班主任拨打微微父母的电话核实情况，但语音提示要么正忙，要么不在服务区内。第二天班主任再次打电话，依旧无法接通。后来，班主任费尽周折找到微微父母的新号码，询问微微情况，微微父母反而气势汹汹地到学校找老师算账：“我女儿在学校读书，好好地跑哪里去了？你给我交出人来！”原来微微逃学，和社会青年谈恋爱，还出去旅游，不仅骗了老师，也骗了父母。

案例二　孩子违纪了

鹏鹏偷溜出学校上网，违反了学校纪律，鹏鹏的家长被请到学校配合教育，结果鹏鹏的家长一到校就劈头盖脸地责骂孩子。鹏鹏不仅对父母心生怨气，也对老师的教育产生了抵触情绪。最终，由配合教育的初衷演变成亲子关系恶化、师生关系恶化。

我们不难发现，案例一中微微的家长平时疏于管教孩子，又没有家校沟通的意识，导致孩子越发我行我素，助长了孩子不良行为的发生。案例二中鹏鹏的家长觉得孩子给自己惹了麻烦，一味斥责孩子，结果适得其反。

我们作为孩子的监护人，要明确家校合作的两个观念。

1. 支持老师、信任老师

支持老师、信任老师，就是帮助孩子。家校的关系不是对立，而是共赢。老师和家长的最终目的是一致的，都是为了促进孩子健康成长，让孩子成为社会的有用之才。只有家长和学校同步调、同频道、同行动，才能真正形成家校合力，真正成为孩子成长的奠基石。家校合作不是光靠老师布置任务、家长被动行动，而更应该是家长的自发行为，要主动参与其中。

2. 不过多干涉孩子行为

主动参与家校合作可以使我们更好地了解学校和班级，更好地促进孩子成长，但这绝不能变为探求孩子隐私、干涉孩子行为的手段。另外，家长切忌在孩子面前拿孩子跟“别人家的孩子”比较，切忌持有“只看别人孩子优点，只看自家孩子缺点”的狭隘视角。

家长的素质会投射到孩子身上，我们的育儿观、教子观、心理状态等都会显现在孩子身上。因此，我们要做积极的家长，做能解决问题的家长。

了解孩子

做好家校合作，要了解青春期孩子和这一阶段家庭关系的几个特征。

1. 独立性和依赖性

青春期孩子有一个非常突出的心理特点——出现成人感。他们认为自己已经成熟，有了强烈的独立自主的欲望，希望在生活和学习上不受父母和老师的干扰，拥有自己做主的权利。但由于这个时期的孩子尚缺社会经验和生活经验，在遇到困难时仍然希望父母可以给予自己指导和帮助。

老师的“黑名单”

小雅是父母眼中的“乖孩子”，从小到大几乎不需要父母操心。她总是能处理好学习和生活中的各项事务，爸爸妈妈平时对小雅也很放心。进入高中后，小雅的数学成绩远远落后于其他学科。面对父母的关心，小雅的理由也很充分——数学实在是太难了！直到最近数学成绩再次下降，妈妈忍不住再三追问：“你和数学老师讨论过自己学习数学的方法吗？”“你拿着自己的试卷去向数学老师请教过错题吗？”小雅才吞吞吐吐地交代。原来，数学老师的电脑里有一份“黑名单”，谁做错了不该错的题目，名字就会被记录在“黑名单”上。由于自己多次上了老师的“黑名单”，小雅实在没有勇气去向数学老师请教问题，上课时也非常害怕被老师提问，听课效率因此大受影响。

妈妈了解情况后感到很吃惊，在与小雅再三沟通、得到她的同意后，妈妈与数学老师取得了联系。在妈妈的帮助下，小雅渐渐打消了对数学老师的误解和恐惧，重拾对数学学习的兴趣和信心。

高中孩子渴望拥有主宰自己生活的权利，但这种渴望有时会阻碍他们向成年人求助，从而影响了自己的成长和进步。我们要细心观察，当发现孩子出现异常时，要耐心地运用开放式的问题询问，如“爸爸妈妈可以帮你做什么吗？”“你觉得，需要我们提供哪方面的帮助呢？”等，让孩子放下心理包袱。亲子沟通顺畅了，才有助于解决问题。

2. 开放性和封闭性

大多数青春期的孩子希望和朋友、父母平等交往，渴望他人对自己敞开心扉。但朋友之间多少会存在观点上的差异，亲子之间亦然。孩子们有时特别渴望家长理解自己，了解自己的班级和社交圈子，同时又害怕家长知道某些情况之后心生不悦，甚至大发雷霆，从而形成了既想让他人了解自己、又害怕被他人了解的矛盾心理。

小悦的烦心事

小悦和父母的关系一直都比较融洽，但细心的妈妈发现小悦最近在社交平台上发布的动态中透露着些许不愉快，便关心地问孩子是否遇到了什么困难。原来，最近宿舍里熄灯后仍然比较热闹，舍友们总是兴致勃勃地围着某个恋爱中的女生，要求她每晚回来“重现”自己的“爱情剧”。刚开始时小悦也觉得有趣，但连续几天下来，吵闹的氛围影响了自己的作息，导致白天上课的精力不够，开心也变成烦心了。

妈妈听完小悦的讲述后，只是安抚了一下，让孩子熄灯后不参与聊天即可。等小悦回学校后，妈妈立即联系了班主任反馈情况，希望老师加以关注。班主任是个年轻的老师，对学情很关注，便找了小悦来问话，还特意问，是哪个女生恋爱了？恋爱的对象是我们班的吗？小悦大窘，要么就只低头，要么就说自己不知道。

从班主任办公室出来后，小悦立即给妈妈打了电话，对妈妈将自己所说的内容告知班主任的做法非常生气，认为妈妈的举动害自己“背叛”了舍友。妈妈得知后，连忙向小悦道歉，并澄清自己并非让班主任去阻止其他同学的恋情，只是顺口提到而已。

高中的孩子也拥有属于自己的小秘密。我们在进行亲子沟通、家校沟通时，要充分尊重孩子的隐私，在孩子没有被伤害、没有伤及他人的意念和可能性时，应尊重孩子的想法，三思而后行，以免弄巧成拙。

3. 自制性和冲动性

青春期的孩子大多有着强烈的自尊心和好胜心。他们知道自己应该遵守规则、履行集体义务，但有时又很难控制自己的情绪，往往会不自觉地带着某种偏见去评价身边的人和事。对于规则和师长的要求，他们往往片面地坚持己见，符合自己想法的就去办，与自己想法不一致的就盲目拒绝或者一味争论，导致冲动地做出决定。待事情尘埃落定后，孩子们往往又会感到非常后悔。

让人又爱又恨的手机

中考结束后，父母给小威买了一部智能手机作为奖励。上了高中后，小威无视校规，随身携带手机，还告诉父母，高中学习太紧张了，自己每天都需要使用手机作为睡前放松。但小威的爸爸发现孩子常于深夜两点之后还在社交平台上发布动态。爸爸妈妈经过商量，决定向班主任“举报”小威的情况，并坚持按照校规，约定等到学期结束后才到班主任那里把手机取回来。

得知消息后的小威怒火冲天，与爸爸妈妈发生了剧烈的争执。但平静过后，他认识到了父母和老师的这个决定是为了让他能更专注于学业。再过了两周，他开始适应睡前没有手机的日子，睡眠质量也得到了提高。

高中的孩子有时过于冲动，缺乏足够的自制力，这时就需要家长和班主任联动，对孩子做好管束和监督工作，使孩子的学习和生活形成良性循环。

实施指南

家校合作，需要我们做好“四个主动”。

1. 主动建议

每一个在校的孩子都是集体的一分子，都有权利享受学校和班级的建设成果，同样也有义务参与其过程。作为家长，我们要主动协助老师和孩子，而不能认为事不关己，或者只顾抱怨。

小标志大作用

欢欢的学校附近总有经过的车辆鸣笛，影响师生上课。欢欢的爸爸主动建议：“可以立一个‘禁止鸣笛’的标志。我去交警部门反映情况，请他们尽快解决。”不到一周，学校附近再也没有响起汽车鸣笛声了。

家长主动献计献策，帮忙解决了孩子在学校遇到的困难，孩子们也不再饱受上课时因为鸣笛而影响听课的烦恼。

2. 主动分担

当家长主动为班级分担一些力所能及的事情时，孩子也会更受同学欢迎。

我的爸爸真棒

小慧所在班级教室的窗户总是关不紧，每到冬天，寒风就会从缝隙里钻进教室。孩子们冷得瑟瑟发抖，向学校反映了几次都没有处理。这天早上，班主任又向学校后勤部反映情况，刚好被来访的小慧爸爸听见了，小慧爸爸很热心地说：“老师，我去看看。”中午，小慧爸爸带来工具，把该换的窗条换了，把变了形的窗框敲打整齐。三下五除二，窗户就能关严实了。同学们直夸小慧的爸爸能干，内向的小慧收获了老师和同学的赞扬，也变得越来越阳光，更加热爱班集体。

3. 主动协调

家长之间的矛盾多是由孩子之间的矛盾引发的。当其他家长发生分歧时，我们可以主动帮忙调节，消除误会和矛盾。

巧妙化解矛盾

小阳在体育课扔实心球时，不小心砸到了小卫的手臂，小卫当场摔倒，头和手都被磕破了。小卫被送往医院治疗，小卫爸爸、小阳妈妈、家委会会长张姐也马上赶到了医院。张姐让班主任回学校辅导其他孩子，说“这事让我们家长自己处理吧”。两位家长在会长的调解下，该道歉的道歉，该承担医药费的承担医药费，矛盾就这样解决了。

当家长之间发生了矛盾，调节矛盾的最佳人选不是班主任，而是我们家长自己，因为家长们有着共同的身份和立场，也最容易和谐地解决问题。

4. 主动共享

家长们的工作岗位不同，社会角色也不同。如果我们主动共享资源，那么班级就拥有了更多资源，班级活动开展起来也就更为便捷顺畅。

群策群力的家长

班主任想利用周末开展班级研学活动。家长们在家长社群里集思广益，一位家长说“我在市郊区有一个茶场，欢迎同学们来采茶”。大家认为采茶活动很好，既能锻炼孩子的动手能力，还能让孩子学会辨认茶叶等级，了解茶叶加工流程。可是交通和饮食等问题怎么解决呢？另一位家长主动说“我去公交公司联系公交车租用事宜”，做西点的家长说“我可以为孩子们提供面包”，开超市的家长说“我提供矿泉水”……家长们各尽所能，交通安全、保安措施、用餐场地、紧急药箱，在你一言我一语下，都安排妥当了。一场“智慧众筹”，延伸成了“资源众筹”，采茶研学活动得以顺利进行。家长们主动提供自己力所能及的资源，为班级服务，大家都很骄傲自己能有“用武之地”。孩子们都说，那是他们最开心的一次研学。

谁家遇到了难事，也会在家长社群里求助。有一次，一位家长母亲患病需住院，另一家长刚好在医院工作，主动帮忙办好了住院手续。

家长之间的互帮互助，为班级营造了良好的人际关系氛围。在互帮互助中，家长之间的关系亲近了，孩子之间的关系也更亲近了。

有的家长觉得自己的文化层次不高，不知道怎么参加班上的活动。其实，只要付出行动，就是迈出了成功的第一步。家校合作，还需要我们做好“四个共同”。

1. 共同舆论

班级的凝聚力，需要大家三观一致，通过同一个频道发声来形成并维护。

家长社群，是家长们交流信息、提升育儿能力的线上学习小组。我们可以这样构建社群：值日家长每天早晨发布早安心语，白天配合班主任发布班级通知，晚上分享晚安心语；每半个月家长们针对孩子们目前的状况，在社群里探讨，成立共学部；每个学期家长们共读 2 ～ 3 本与家庭教育相关的书籍，并进行阅读分享，成立共读部。通过长期学习、相互提升，家长们都能学会如何科学理性地解决亲子问题。

班级公众号，是家长们将学习心得转化为文字呈现的“大本营”。大家可以将值日心语、学习研讨、共读分享等发布在班级公众号里；帮忙记录班级活动，拍摄孩子的精彩瞬间，呈现班级的良好风貌。家长之间的良好氛围不仅能成就孩子，也有助于提升自身素质、拓宽交际圈，亲子师生一起开启愉快充实的学习之旅。

2. 共同心理

共同心理是怎么构成的？同一个社区、同一个小区，是不是可以构成共同的舆论呢？

（1）建立社区共同体

所处区域相同的家长，一般都有共同的话题，这就形成了社区共同体。大家可以一起散步，一起健身，一起交流如何育儿。

（2）建立行业共同体

如果家长的职业相同或相近，那么就会产生很多工作上的共同话题，这也有助于拓宽彼此的工作视野和人脉。比如，有两位家长都是做服装生意的，于是做起了服装店铺联盟。两家经常互通教子心得，后来他们的孩子都考上了心仪的大学。

（3）建立爱好共同体

家长们也有可能会因为共同爱好而走到一起。爱健身的家长可以成立运动健身小组，一起练瑜伽、跳健美操、跑步、游泳等；爱喝茶的家长可以约定一起学习茶艺；爱美食的家长可以一起学习做点心；等等。共同的兴趣爱好可以让家长们交到不少志趣相投的朋友，在育儿方面也能互帮互助。

（4）孩子有共同问题的家长组成共同体

家长们还可以因为孩子存在共同的问题而组成“研究团队”，比如，沉迷游戏的孩子的家长可以一起交流，怎么和孩子沟通效果更好，还可以请来有经验的专家做现场答疑。身处这样的共同体，家长们能够互相帮助、鼓励，有利于建立良好育儿心态，而这样积极的心态也会使家长增加与孩子的相处中的耐心。冲突减少了，才能有效促进亲子关系。

3. 共同行动

家长们可以相约做一些对班级有意义的事情。一位爸爸做孩子的学友，体验了孩子一日学习的安排后，在家长社群里感慨：“我今天在班里上晚自习，和孩子们一样只看书。3个小时坐下来，还挺辛苦的呢。孩子们真的不容易，我们要体谅他们。”还有一位家长特意买了西瓜，给孩子们带去夏日里的清凉和关爱。

家长还可以和孩子一起参加公益活动，如参加春运公益活动，通过到火车站帮助乘客搬运行李、为乘客解答疑问等，在活动中增进彼此了解。父母可以见证孩子的成长，孩子也可以感受到不一样的父母，家庭氛围就会越来越和谐。

4. 共同目标

目标之所以能够鼓舞人、激励人，是因为它能给人们带来美好未来的希望。共同目标是现实的，是阶段性的。比如这个月的目标是什么、这个学期的目标是什么等，家长们可以一起商量，通过座谈、询问孩子、调查问卷等形式，在家长社群里汇总，制订阶段性目标。

我们要用健康的心态和积极的行动，让孩子看到进取向上、阳光温暖的父母。言传身教，知行合一，自然能给孩子传递正能量，真正成为支撑孩子成长的共同体。

当然，家长在家校合作中要量力而行。展示自己擅长的，提供力所能及的即可，如学医的家长可以教孩子紧急情况的自救措施、防“艾”小常识等。

延伸拓展

阅读推荐

> >> 1.《与青春期和解：理解青少年思想行为的心理学指南》（著者：［美］劳伦斯·斯坦伯格，译者：孙闰松；出版单位：人民邮电出版社）

本书是一本理解青少年思想行为的心理学指南，通过大量案例讲解了与青春期有关的脑科学、神经科学、心理学、社会学、教育学等领域的研究成果，讨论了青春期早期、青春期中期、青春期后期及成年过渡期等阶段的重点问题，并根据每个阶段孩子的心理特点对青少年的行为进行了深入的研究，从应用心理学的角度为青春期孩子的家长提供切实的建议和科学的指导，帮助父母、初高中教师和心理学研究者全面了解孩子的心理发展状况，发现孩子在这一时期的优势和危机，激励孩子成为更好的自己。

>>> 2.《职业百科：走进社会的理想工作指南》（著者：英国 DK 出版社，译者：张蕾、彭发胜；出版单位：电子工业出版社）

本书涵盖 400 多种职业，并对每个职业和工作做了全面的介绍，包括申请工作的路径、想要获得成功所需的各项技能，以及长期的职业前景等，是一本内容简练的综合性职业指南。书中的建议实用且具启发性，其中的职业路线规划、技能引领、行业分析等信息，将对孩子的职业选择起到引领作用。

>>> 3.《西点军校 22 条军规》（编著：宿文渊；出版单位：中国华侨出版社）

本书提炼出“荣誉”“忠诚”“纪律”“信念”“意志力”“团队”“冒险精神”等 22 条西点军校的经典规则，通过对西点人及其事例的解读，详细阐述了每条西点规则所蕴含的深刻内容和重要价值。家长们可以从中认识到规则制度对孩子成长的重要意义。

评估改进

一、自我评估

测测你对孩子和孩子的学习环境的了解程度。

（1）你了解孩子喜欢的专业吗？（　　）

A. 非常了解

B. 比较了解

C. 不太了解

D. 一点儿都不了解

（2）你了解适合孩子特点及能力的职业吗？（　　）

A. 非常了解

B. 比较了解

C. 不太了解

D. 一点儿都不了解

（3）你了解孩子所在学校的制度吗？（　　）

A. 非常了解

B. 比较了解

C. 不太了解

D. 一点儿都不了解

（4）你和孩子谈论过关于规则或制度的话题吗？（　　）

A. 深入谈论过

B. 粗略谈论过

C. 偶尔谈过

D. 从来都不谈及

（5）你和孩子交流过如何参与班级事务吗？（　　）

A. 深入交流过

B. 粗略交流过

C. 偶尔交流

D. 从来都不交流

（6）当孩子违纪了，你是怎么做的？（　　）

A. 能试着从孩子的角度去理解违纪的原因，并和孩子讲道理

B. 会和孩子谈一谈，但具体怎么做，由孩子自己决定

C. 严厉批评孩子

D. 指责学校和老师

（7）你积极参与家校共建吗？（　　）

A. 非常积极

B. 积极参与，但前提条件是老师要对我的孩子好

C. 偶尔参与

D. 几乎不参与

【评估参考】

选择 A、B、C、D，依次得 4 分、3 分、2 分、1 分。

总分 22～28 分：你对孩子和孩子的学习环境有很清晰的了解，并能陪伴和引导孩子做好相应调整。

总分 15～21 分：你对孩子和孩子学习环境有较多的了解，要加强和孩子的深入交流，提升陪伴质量。

总分 8～14 分：你不太了解自己的孩子和孩子学习环境，需要多和孩子交流，并主动参与家校共建。

总分 8 分以下：你非常不了解自己的孩子和孩子的学习环境，建议多向其他家长或者老师请教，更多地了解孩子的情况。

二、改进计划

表 6.3 改进计划表

序号	我的收获	我的改进行动
例	我应该和孩子聊聊职业规划。	1. 多和孩子聊聊他（她）感兴趣的话题。 2. 陪伴孩子参加一场职业体验。 3. 画一张家族职业图谱。
1		
2		
3		

第七专题 如何过好自己的生活

孩子进入新的学习阶段，面对新知识、新环境、新的老师和同学，或多或少会产生不安、焦虑、紧张或兴奋的情绪。

我们可能会因孩子离家住校，摸不清孩子的生活和学习状况而感到焦虑，也可能会因为孩子在家里的时间减少而感到不适应。这个时候，不仅孩子们要改变和调适，我们家长更要主动改变和调整自己的心态，才能更好地支持和陪伴孩子去适应新的学习生活，给孩子树立起良好的榜样。

我们过好自己的生活，是一种不带任何期待的示范，这是对孩子无形的家庭教育。

专题目标

1. 认识到自己能给孩子带来哪些正面影响，并主动参与、做好示范。

2. 带着好奇的心态，站在高中生的角度与孩子沟通。

3. 做好自己、过好自己的生活，给孩子树立榜样。

家长“上岗”新条件——认识父母在孩子高中阶段的影响力

案例分析

我们有没有发现有些高中阶段的孩子出现了以下情况？

有的孩子越来越不愿意参加活动，遇到困难时缺乏自信，做事情只有三分钟热度，作业往往拖延到最后一刻才完成，容易沉迷于某些娱乐活动，有想法却很难理出头绪，经常有过激的情绪或行为，等等。

有的孩子敏感脆弱，特别在意别人对自己的态度和看法，总觉得别人不喜欢自己，自己也觉得自己不好；害怕跟陌生人打交道，在交往当中显得很被动，在群体中易感到不自在；追求完美，经常感到焦虑，容易陷入负面情绪和想象中并无法自拔；等等。

其实，孩子的外在行为只是问题的表面现象，我们需要透过现象分析问题的本质及其产生的原因。刚进入新学习阶段和新环境的孩子还处在适应期和转变期，在这个过程中，家长往往更容易看到孩子性格的局限[①]。这就提醒我们既需要分工更需要合作，以发挥家庭教育的最大效能。

了解我们

有这样一种观点：母亲把孩子带来这个世界，父亲把孩子带向这个

① 阿尔弗雷德·阿德勒:《儿童教育心理学》，刘丽译，南海出版公司,2015，第 89 页。

世界；父亲影响孩子的成功，母亲影响孩子的幸福。在中国传统的家庭教育观念中，父亲是严厉的、有威严的；母亲是慈爱的、有耐心的。而在现代的家庭教育观念中，心理学家用“力量”来概括父亲对孩子正面的教育影响，而用“安全感”和“爱”来概括母亲对孩子正面的教育影响。

结合高中阶段孩子的发展特点，表 7.1 从思维、行为以及个性方面介绍了父母给孩子带来的正面教育影响。

表 7.1 父母在不同方面对孩子的影响

具体方面	父亲的影响	母亲的影响
思维	孩子逻辑通顺、条理清晰、目标明确，能锁定目标思考问题，看问题有格局、能果断做决定	孩子能在思考时注重细节、逻辑缜密，善于换位思考、反复推演，考虑细致周全
行为	孩子行事果断，能温和而坚定地拒绝不合心意的事情；有执行力，能坚持去做一件事；自我管理能力强，遇到障碍能灵活处理；能做团队的带领者	孩子善解人意、体谅他人、善良友爱，人际关系稳定而圆融；乐于助人，同时也能得到他人的帮助，人缘好
个性	孩子能让自己冷静下来；意志力强；有胸怀；能够担当，勇于面对；遵守规则，服从指令，同时不畏惧权威	孩子宽容大度、情绪稳定、感情细腻、耐心细致、平易近人，能给他人安全感

从古至今，我国的家庭教育重任多由母亲承担。仅从安全感、爱与被爱来看，母亲就足以影响孩子的一生。孩子的自我认知是从妈妈的抚养照顾中模仿、学习而逐步形成的，如果妈妈忽略了对孩子的陪伴，态度粗暴冷漠，孩子就会从妈妈身上习得对待他人的态度；反之，如果妈妈对孩子呵护备至，孩子就能体会到被爱的感觉，有了安全感，孩子也会自然而然以同样方式对待他人。

但家庭教育并非仅是母亲的责任，父亲必须积极参与家庭教育，担起自己的责任。在某些事情上，父亲“严厉”和“有力量”的特质能发挥和母亲不同的效果，比如在制订和执行规则、教育孩子如何应对困难和挑战、培养孩子内心力量和行为力度等方面由父亲来执行和由母亲来执行往往产生不同效果。但是，父亲要注意避免对孩子采取简单粗暴、过于严厉的教育方式，以免压制孩子的发展。孩子如果对父亲的管教不服，就会容易感到无力或愤怒，进而惧怕权威或不恰当地挑战权威，产生逃避心理。在孩子进入青春期后，父亲需要转变教育方式，多与孩子沟通交流，改变以往的威严形象，以柔和的方式面对孩子，与孩子平等交流，让孩子学会刚中带柔，学会缓和青春期冲动，学会沟通，而不是用情绪化方式去面对和解决问题。这样的方式是平静而有力量的，柔和却不失约束，既张弛有度又有一定的界限。这样一来，既能让孩子发展个性，也会使孩子学会遵守一定的社会准则，帮助孩子探索自身价值、寻找未来方向。

研究发现，孩子上了中学以后，母亲的影响力会逐渐下降，而父亲的影响力在不断上升。母亲容易忽略孩子已经长大这个事实，仍然像管教小孩子那样去管教已经长大的孩子，所以母子之间的矛盾相对较多；而父亲可能平时跟孩子的交流没有母亲多，但是到了关键时刻，父亲往往更能高瞻远瞩，提供给孩子最需要的、最可行的忠告和建议。有一位父亲在女儿读高三时的每次模拟考试后都会给女儿写一封信，分析问题、提出建议，在优化学习方法和制订计划上对女儿帮助很大。

与母亲相比，父亲的性格特质以及观察问题的敏锐度、思考问题的深度等方面对孩子心理调适会相对有优势。孩子到了高中阶段，感情细腻的母亲容易受孩子学业成绩的影响而感到焦虑，打乱孩子的学习和生活节奏；父亲则会相对冷静，此时应多主动关心孩子，帮助孩子应对在学习生活中遇到的困难。对于儿子，父亲跟孩子的交往应该以两个男子汉的方式进行，教会孩子走入社会、待人接物和处理各种事务的本领；对于女儿，父亲对孩子在学习和生活上的照顾，会让孩子在感情和社会交往等方面都更为客观地了解男性，为她将来走向社会和婚姻打下良好的基础[①]。

---

① 刘称莲：《陪孩子走过高中三年》（第 3 版），北京联合出版公司，2017，第 325-333 页。

实施指南

父母双方应努力践行以下角色：

1. 孩子成长的陪伴者

在传统观念中，人们对男性的首要期待是“事业有成”，而更多地把“照顾家庭”的任务分配给女性。有的父亲在孩子小的时候忙于事业，忽略了对孩子的陪伴。这样一来，孩子进入高中后就有可能会对父亲冷淡，不愿意同父亲说话。这时候，父亲试图教育孩子往往会导致孩子严重的反叛。父亲在教育孩子之前，可以先想一想：为什么是让孩子改变，而不是自己先改变呢？当孩子需要的时候，自己有没有尽到关心、陪伴、支持孩子的责任？现在让孩子听自己的话，有没有理解和尊重孩子呢？

其实，对孩子的教育，质量比数量更重要。哪怕跟孩子在一起的时间很少，但只要关心孩子，用心给予孩子指导和帮助，孩子也能感受到父母的真诚。

（1）详细了解，帮助分析

培养孩子思维的完整性、逻辑性和条理性。

（2）确定目标，制订计划

耐心地帮助孩子确立目标，制订合理的计划，这是思维和内心力量充分结合的过程。但很多家长都忽略了这一点，一味粗暴地责怪孩子缺少目标和动力，其实这对孩子是很不公平的。

（3）讲好规则，奖惩分明

这方面由父亲来执行会比母亲有效得多。父亲独特的影响力在培养孩子行动执行力和意志力品质方面有不可取代的意义。

（4）实事求是，肯定鼓励

母亲的肯定能让孩子觉得被爱和安全，而父亲的肯定则会让孩子充满力量去“战斗”，这对于孩子的成长是至关重要的。

2. 良好情绪的传播者

父母的情绪模式往往会直接投射到孩子身上。比如，有的夫妻在与伴侣发生冲突之后，会产生“我不告诉孩子，我假装跟孩子的爸爸（妈妈）关系挺正常”的想法，孩子表面上可能无所谓，但其实孩子在潜意识里是能感受到父母关系异常的。情绪反应模式是神经系统的工作，会通过眼神、表情、声调和肢体语言等各方面反映出来，是很难掩饰的。当孩子感觉到异常却遭到父母否认时，孩子得到的信息就和潜意识的信号不一致，就有可能造成孩子思维混乱，从而在身体和行为上呈现出一些反常的状态。所以，我们要正视和面对自己，学会管理自己的情绪。

3. 孩子烦恼的倾听者

高中阶段的孩子通常不会直白地表达自己需要帮助，因此，我们在跟孩子聊天时要学会倾听，捕捉孩子透露出的信息，表达对孩子的理解，使孩子感受到被爱和安全感。有时孩子产生抱怨，并不是真的需要父母帮助和建议，只是想要有个倾诉的人而已。如果我们无法确定孩子倾诉的目的，那么可以真诚地询问“你告诉我这些是想让我知道，还是需要我做点儿什么呢”，引导孩子说出真实想法。

4. 尊重伴侣的支持者

父母对孩子的影响力不同，却同等重要。无论是父亲还是母亲，都要让孩子感受到自己对另一半的尊重。母亲往往会牺牲更多的业余时间教育和陪伴孩子，但也要懂得让父亲参与孩子的成长，要尊重父亲的教育权，不要随意插手父亲跟孩子的关系；要在孩子面前维护父亲的形象，多与孩子谈论父亲的优点，赞扬父亲的职业及对社会的贡献，肯定孩子的长处与父亲的遗传关系。

单亲家庭里的父母也要明白，即使另一半和自己分开，也只是两个人之间的事，不能因此让孩子抗拒对方。孩子的成长过程需要父母双方的共同参与。在夫妻关系不好的家庭中，父母也要注意界限，不要让孩子做“法官”或“同党”，去指责抱怨和评判对方。

5. 把握界限的示范者

人际关系中切忌界限不清。随着孩子的成长，父母要把握自己对孩子的爱的分寸，过分的爱会变成替代和操控，而这样的爱是吞噬性的，会导致孩子无法自我成长。如果孩子在心理上无法跟父母完全分离，那么将来就很有可能出现人际关系问题——不是过分付出、不自爱，就是过分疏离、强烈抵抗别人的亲近，因为孩子无法把握适当的令双方都舒适的人际关系界限。

识别内心的消极想法——带着“好奇”，积极与孩子沟通

案例分析

孩子进入高一，学业难度加深，我们是否觉得孩子的任务就是争分夺秒地学习？当我们下班回家看到孩子在沙发上追剧，会不会气由心生，训斥孩子“一天到晚就知道看电视，不用功学习”，但其实孩子可能才刚刚打开电视；当我们看到孩子使用手机，会不会顿感焦急，忍不住唠叨“不看书，老是玩手机有什么用”，但其实孩子可能是在用手机搜索学习资料；当孩子回家很晚，我们会不会“自动加戏”，心想着“这么晚还不回来，肯定是和同学去玩了”，但其实可能只是因为孩子的自行车坏了，只能慢慢推车回家……

你有没有注意过，当我们把“第一直觉”的情绪发泄到孩子身上时，孩子往往会不服气、会顶嘴、会感到委屈：明明没有核实过的事，为什么父母会这样看自己呢？其实这和自动化思维有关。

心理学把无意识的、不带意图的、自然而然并且无须经过深入思考便产生的思维称为“自动化思维”。当事情发生时，人们会找理由去解

释它，即“归因”。而人们不自觉地归因，就是自动化思维的表现。

了解我们

我们都希望和孩子愉快地相处，给他们提供最恰当的教育方式，让他们成人成才，拥有光明美好的未来。然而，我们可能常常会不由自主地这么做：

即使孩子已经高一了，都比我们长得高大了，但我们总觉得孩子还小，觉得孩子还需要我们无微不至的照顾和帮助，需要我们事事为他操心；

总觉得教育孩子就是给孩子讲很多道理，孩子才能有所长进，更好地为人处世；

当孩子的想法和行为与我们的认知有差异时，我们总是忧心忡忡，不放过任何一个教育和纠正孩子的机会；

……

你发现了吗？即使我们已经很努力地为人父母，尽自己所能想做满分家长，孩子往往还觉得我们做得不够，还是会抱怨，甚至和我们起冲突。究其原因，主要还是我们在与孩子相处时没有做到换位思考，觉得自己应该这么做、应该那么做，却没有认真去想孩子真正需要的是什么。我们在和孩子相处时带有太多的自动化思维，这种本能很容易让我们忽略孩子真正的需求。那么，我们应如何对待自动化思维呢？

1. 自动化思维的产生、形式及区分

（1）自动化思维的产生

人的大脑是很注重节能的人体器官，它会选择性地避免我们浪费过多的力气去思考无关紧要的事情，以帮助我们保留更多的能量去处理更重要的事情。当事情发生时，大脑会下指令“我不需要你再花更多的力

气，我只要你专注在重要的事情上就好”。于是，它就会自动产生解释。

自动化思维来自我们的假设、态度和价值观。举个例子，如果我们认为，高一的孩子一周才回家住一天，吃饭的时候应该多给孩子夹菜才是疼爱孩子，那我们在和孩子吃饭时就会自然而然地给孩子夹菜。但是，当孩子的假设是“我可以自己决定要吃什么”时，我们一味地给孩子夹菜，就很有可能让孩子心里不舒服，或者产生行为上的抗拒，从而引发亲子矛盾。所以，当我们带着自己的假设、态度和价值观去跟他人相处时，可能会因存在这些方面的差异而发生冲突。

（2）自动化思维的形式

自动化思维会以简短的形式出现，可能是一个字、一句话，或者一个画面。比如，简短的“啊，不”可能代表“作业这么多，我一定做不完了”。自动化思维是行为的参考，我们可以通过它来推断下一步要做什么。

（3）自动化思维的区分

自动化思维有适应的功能，可以帮助我们在最短的时间内找到最适合的解决方法，而这个想法越适应当时的环境和情境，我们就越能良好地适应。

回到给孩子夹菜的例子。当我们听到孩子稍带火气地说“不要再夹了”，就应该知道孩子想要自己决定吃什么，停止夹菜的行为，明白尊重孩子的饮食习惯也是疼爱孩子的道理，内心便会平静，也避免出现不愉快的场面。理论上，适应的自动化思维能够帮助我们节省时间，快速地做出符合当时情境的反应。所以，当我们遇到困扰时，可能就是自动化思维不能帮助我们适应现在的环境，即出现了不适应的自动化思维。

》》 2. 不适应的自动化思维分类

那么，如何判断一种思维是不是适应的自动化思维呢？第一，看它是否会引起我们的负面情绪反应。如果引起了负面情绪，就是不适应的自动化思维；反之，就是适应的自动化思维。比如“我的孩子太爱顶嘴了”这个想法会引发我们的坏心情，它就是不适应的自动化思维。第二，看它是否会对我们的生活造成困扰。比如“孩子考不上好大学怎么办”这个想法会导致我们常常失眠，它就是不适应的自动化思维。

美国精神病学家贝克对不适应的自动化思维做了如下分类：

（1）武断推论

即在缺乏支持的证据，或即使有反对证据出现时仍旧提出的特殊结论。也就是说，没有任何证据能够支持我们某个念头是真实的，或者他人对此进行了否定，我们仍然会维持之前的念头。比如妻子对丈夫说“你从来不听我说话”，丈夫说“我听了啊，你刚才不是说今天下午5点要去接公交站接女儿吗”，可是妻子仍然说“你从来不听我说话”，这就是一个武断性的推论。

（2）断章取义

即只聚焦在事件之外的线索，而忽略其他更重要的情境或线索。比如妻子说丈夫不顾家，当问她丈夫的具体表现是什么时，她却抱怨三姑六婆的不是，她们总说她这不好那不好（和事件无关的线索），因此她觉得丈夫不顾家。当进一步询问丈夫是否顾家时，她说丈夫的工资卡虽然都是交给她管的（忽略重要线索），但还是觉得丈夫不顾家。

（3）过度类化（以偏概全）

即根据一两件偶发的事件就直接做出结论，并类推到其他有关或无关的情境。比如孩子测验成绩不好时，一些家长就怒斥“你连测验都考不好，怎么考得上好大学？考不上好大学，就找不到好工作，你的人生还有什么希望”，简单地把测验成绩和人生挂钩，时不时对孩子进行唠叨“轰炸”。这种以偏概全的强行类推，对孩子是很不公平的。

（4）扩大或缩小

即过度强调事件中所发生的错误，把焦点放在错误上，忽略其他做得好的方面。比如有人赞美“你真棒”，如果以“我也有做得不好的时候，其实我的能力还不够，这样做是应该的”回应，尽量忽略做得好的部分，而回到错误（不足）本身上来，就是扩大错误、忽略成绩的表现。

（5）个人化

即在没有任何证据的情况下，将外在发生的事件归因到自己身上。跟别人相处时，如果对方突然不说话了，你会不会有“是不是我做错了什么事情，让我的朋友心情变差了”的想法？如果我们有这个倾向，就要反思自己是不是把太多事情都揽上身，是不是把别人的情绪过多投射在了自己身上。个人化倾向加重，久而久之会让我们变得多疑，容易沮丧或生气。

（6）灾难化

即在没有任何证据的情况下，无故担心将来会发生可怕的事情。例如，一些父母在遇到问题时容易随口说“完蛋了”；送孩子上学的时间紧迫，就一直想“惨了，迟到了，老师会不喜欢我的孩子，会忽视他，他会考不上大学的”，这些都是灾难化的念头。我们可以回顾一下常常萦绕在心头的事情，看是不是存在灾难化的念头。

（7）二分法（全有或全无）

即倾向于将所有的生活经验或事件简单地划分为两个极端。由于儿童时期没有能力进行理智判断，人们对很多事情就只能做出“好或坏”的区分。什么是好人，什么是坏人，这个方式就是很简单的二分法。随着年纪的增长，我们会发现，好和坏之间的界线往往不是那么清晰。同理，我们对其他事情的看法也应当客观全面，尽量避免使用简单的非此即彼的二分法。

（8）“读心术”

即总觉得自己知道别人在想什么。比如，敏感的高一孩子常觉得别人在观察自己的一举一动，觉得别人会评论他（她）的穿着，会对他（她）的外貌指指点点。其实，成年人也常常会有这种想法，总怀疑别人不喜欢自己，总觉得自己知道别人如何看待自己。

实施指南

1. 辨识自己不适应的自动化思维

美国脑成像专家丹尼尔·亚蒙提出：“除非我们有意识地反省自己的想法，否则它们通常都是自动产生的；但是这些想法并不一定都是正确的，它们并不总能准确地反映出真实的情况，有时候它们甚至会欺骗我们。”他接诊过的患者中，有一位大学生因考试失利而认为自己很笨，而亚蒙给这位大学生测试了智商后，却发现其近乎天才。所以，我们不必过分相信每一个一闪而过的念头，而要有意识地去反省自己的想法，看它对自己是有益的还是有害的。

不适应的自动化思维会给人的内心带来痛苦，这种痛苦会使人际关系变得疏离，最终使人更加孤立。因此，我们要学会转变不适应的自动化思维。（见表 7.2）

表 7.2　转变不适应自动化思维举例

不适应的自动化思维	类型	转变不适应的自动化思维
我的孩子总是乱花钱	武断推论	孩子只是花钱买漫画，在其他方面并没有乱花钱
我做错了，惨了	灾难化	事情应该没有这么糟糕，我不能自己吓自己
同事不喜欢我	“读心术”	同事只是心情不好，毕竟人都会有心情不好的时候

同样，我们可以试着分析自己的情况。

2. 带着“好奇”的自动化思维和孩子沟通

（1）关心孩子本身，而不是总想着要帮孩子解决问题

我们如果以解决问题为目标，就会期待自己解决问题，但稍不注意就会演变成指责和说教，让孩子感觉不舒服。例如，孩子对我们说“同学说我闲话”，如果以解决问题为目标，我们可能会对孩子说“你以后注意一点，别人就不会说你了”，试想一下孩子会有什么感觉？如果是以关心孩子为目标，我们可能就会说“发生什么事了”“你还生气吗”“需要我怎么帮你”，孩子会不会感觉更舒服一些？

当我们关心孩子本身，而不是只关心问题时，孩子就会感受到我们真诚的关心。如此一来，问题也就迎刃而解了。

（2）帮助孩子了解问题是如何形成的

我们先要向了解孩子发生了什么。如孩子上课睡觉，我们可以问他（她）“是从什么时候开始的”“是不是平时太累了”等。通过真诚的问话

来帮助孩子寻找问题形成的原因。再如，孩子问“读书真的这么重要吗”时，我们可以问“你是从什么时候开始这样想的呢”“那时发生了什么事情呢”等，渐进地引导孩子梳理事件，我们就会明白事情发生的成因和时间。

（3）提问具体事件

和家人倾诉，在一定程度上可以消除孩子焦虑和不安的情绪。当孩子说“我的心情很不好”时，我们可以问“发生了什么”，通过询问具体事件来帮助孩子厘清问题，但是不要刻意追问细节，因为过于具体的细节有可能会涉及隐私，让孩子感到不舒服。

总的来说，我们在和孩子沟通时，要带着“好奇”的态度，关心孩子，帮助孩子分析问题形成的原因，就可以避免很多不适应的自动化思维的产生，从而能够更好地站在孩子的角度进行有效沟通。

过好自己的生活——为高中孩子减负

案例分析

案例　被母亲操控的“变质”人生

2018 年，某综艺节目邀请了当年出演某电视剧而红极一时，后来却销声匿迹的演员朱某。朱某的母亲在节目中直言不讳：“我是用我的整个生命去爱我的儿子的，我的生活中都是我的儿子。”她在节目中大谈她这一辈子怎样为儿子付出，怎样无微不至地照顾儿子。儿子生活中的方方面面，她都要插手。由于她在与儿子的相处中失去了自我，她希望儿媳能和自己一样爱朱某。有一次朱某给她做了一顿饭，她不仅没有感到欣喜，反而在“反思”自己肯定是没有把儿子照顾好，才使他学会了做饭。朱某在节目中坦言，自己曾经写下遗书，想要摆脱这种让人窒息的爱；后来又去异地求学，希望用距离来缓解这种窒息感，但没有用，因为母亲也跟着他到了他大学所在的城市照顾他的生活。

我们应该如何做才能减轻孩子的负担？答案很简单：做好自己，过好自己的生活。

了解我们

1. 容易忽视自我，过于重视孩子

“父亲”“母亲”不是我们生命中的唯一角色。在爱孩子的同时，我们也要找到“父母”以外的角色。

家庭生命周期理论认为，家庭会经历从成立到消亡的过程。在不同的阶段，家庭的表现特征、所面临的问题以及家庭任务都各不相同。在孩子就读高中这一时期，除了引导孩子在自由和责任之间取得平衡，父母发展自己的兴趣和工作也是在这个阶段需要完成的任务。

高中孩子个性发展特征之一是对“自治”的需求，这种需求首先体现在他们对与父母的关系等问题的思考上。他们渴望父母在自己的成长道路上给予陪伴，在自己做重要抉择时提供帮助和建议；但如果父母对自己的学习和生活进行过多、过度的干涉，他们便会非常抗拒。我们常常会听到孩子有这样的抱怨：“我都已经上高中了，不是小孩子了。有时候我就会畅想高中毕业之后的生活，可是我总感觉现在的自己并没有权利决定未来的生活，父母为我的事情太过操劳了。我不反对父母参与我的学习和生活，但是我更希望他们尊重我，尊重我的隐私和权利。”

对于亲子关系中产生负面情绪的现象，父母和子女都需要反思各自的思维和言行。父母爱孩子的同时也要明白，这个世界上只有一种爱是以分离为目的的，那就是父母对孩子的爱。父母对孩子真正成功的爱，就是让孩子尽早作为一个独立的个体，从我们的生命中分离出去。

2. 容易再现自己原生家庭的教养模式

有时，我们对于孩子的教育方式实际上是自己在原生家庭中所习得的。

“父母把他们对未来的全部希望都倾注在我的身上。父亲早就给我定下了目标，说他没有做成什么，于是把他的人生感悟和见解都传授给我，让我沿着他的路继续走下去。我觉得压力好大。”

“母亲有童年阴影，却总是将她童年的经历施加于我。她对我的教育很失败，没有教会我如何快乐。我总觉得生活是一件困难重重的事情。”

……

我们都没有学习过如何为人父母，总觉得有了孩子自然就有了做父母的态度，认为夫妻对待孩子应该一方严一些，另一方慈一些——这样的想法大多是受我们父母的影响。我们模仿着自己父母的样子，不知不觉地就活成了他们。我们不知道孩子将来要面对的是什么样的世界，我们自己也在不停地去适应当下迅速发展的社会，学着用手机支付、学着用电脑办公……如果我们还用以前的经验来教育孩子，来判断孩子的未来，那就是不合适的。身教大于言传，我们自己不学习，孩子又怎么会天天向上呢？我们不过好自己的生活，又如何在孩子面前展现积极的生活态度呢？

在某电视剧中，有一个场景是一位妈妈想带读高中的女儿去看一场电影放松一下。当得知女儿已经看过这部电影时，妈妈很生气地问：“一部电影看两遍，有意义吗？”女儿回答：“让你高兴不是意义吗？”“我是要你高兴！”“那我也是为了你高兴啊！”“我不需要！”……一场“亲子战争”就这样爆发了。有时候我们很难想象，父母的高兴对孩子来说有多重要。但实际上，我们快乐了，孩子才能真正地快乐。

经常能看到一些父母发出这样的感叹：“感觉有了孩子，我就没自己的时间了”“生活都变了样，网络昵称变成了‘××妈’‘××爸’”“自从生了孩子，身材都走样了”“我已经很久没有和朋友一起出去玩了”……好像有了孩子，父母们就从此失去了自己的生活。在我国传统的家庭里也常常能听到类似“我活这一辈子，就为了这个孩子啊”的话，但这种看似无私的爱，其实对孩子来说非常残忍。父母放弃了自己独立的人生，没能好好活成自己，对孩子而言，这样的爱是十分沉重的。

一名住校的高一女孩说，父母每天都会等她的电话，听她报告一天的学习和生活。“每次打完电话，我感觉自己整个人都被掏空了；可是不打电话，又会非常愧疚……我真希望爸妈能够把注意力放在别的事情上，而不是整天围绕着我。”当父母爱得太多、太满，分不清界限时，孩子的不适感就会远远大于幸福感。其实，很多时候，孩子更希望父母能过得快乐。

很多父母把希望和幸福全都倾注孩子身上，特别是在孩子进入高中以后，对孩子产生了更高的期待。他们期望孩子将来考上好大学、找到好工作、过上好生活，最后换来的却是自己的脾气和抱怨、孩子的绝望和逃避。他们忘记了自己也是独立的个体，也需要调节自己的情绪和需求，而不是爱孩子远远胜于爱自己。对于一个习惯性地向伴侣索爱、向孩子索爱、向身边人索爱人来说，一旦对方没有满足自己的期待，他便会产生抱怨和负能量。

瑞士心理学家荣格说：“父母对孩子最不好的影响，莫过于让孩子觉得他们的父母没有好好过日子。”父母要爱自己，真正快乐地经营生活。孩子看到这样的我们，其实就是看到了榜样、看到了力量，才有可能安心地学习和努力地成长。父母做好自己，也是一种难能可贵的教育。

实施指南

1. 好好工作，好好生活

我们希望孩子怎样生活，就应该以怎样的标准给他们做示范。好好工作，合理合法地挣钱，努力改善自己家庭的物质生活条件。我们做这些努力其实也不全是为了孩子，也是为了自己。不要总是对孩子说“我们都是为了你”，因为这会让孩子感受到无形的压力。作为父母，我们的首要任务是活出自己、活好自己，做好表率。我们希望孩子活成什么样，自己就应该先成为什么样。

2. 丰富自己的精神世界

吃喜欢的饭菜，策划一场旅行，读爱读的书，看喜欢的电影，保持锻炼，交志同道合的朋友，客观地对待自己的优缺点，营造温暖平和、充满爱的家庭环境……这些都是孩子精神上不可或缺的成长历程。

3. 正确认知原生家庭对自己的影响

美国家庭治疗师维吉尼亚·萨提亚认为，一个人和他的原生家庭有着千丝万缕的联系，且这种联系有可能影响其一生。原生家庭是指人们在为人父母之前与自己父母生活的家庭，它对一个人的影响是潜移默化的。童年时原生家庭的影响往往会内化为潜意识中“隐形的誓言”，影响人的行为，但当事人不一定自知。比如，经常没有安全感，莫名地感到焦虑、不自信，却说不出为什么会这样；在人际交流中，经常不自觉地仿照自己在原生家庭里学到的一些行为；过于追求完美，生怕办不好事，强迫自己凡事都要做到最好……

萨提亚说：“一个人在 25 岁之后，要开始做自己的父母。”当我们意识到自己的原生家庭对自己人格特质和人生经验的影响时，不要简单归因，而应该思考如何传承良好的方面和改变不够好的方面。我们现在的任务，是为孩子提供良好的原生家庭环境。

（1）接纳和认同

我们的习惯和行为方式大多是从父母那里习得的，而我们的父母本身亦然。他们的情绪处理方式和对我们的养育态度，一定程度上都重复着他们的父母采用的方式。当我们觉得自己受到了原生家庭的影响时，自己的父母可能也同样受他们原生家庭的影响。

（2）分辨和求助

我们可以回忆一下自己的家庭教育模式，如果觉得自己的一些不良行为来自原生家庭的影响，应该主动进行调整。当意识到原生家庭中的一些教育给我们带来了无法弥补的伤害时，应告诉自己不要把这样的伤害当作惩罚传递给我们的孩子。

4. 经营好夫妻关系

“生活即教育”，父母是孩子的第一任老师，家庭教育的作用是任何渠道的教育都无法替代的。而夫妻关系先于亲子关系，是核心家庭中最重要的关系。

延伸拓展

阅读推荐

1.《陪孩子走过高中三年》（第 3 版）（著者：刘称莲；出版单位：北京联合出版公司）

本书包括“学习：做孩子登顶阶段的得力助手”“心理：做孩子心灵花园的好园丁”“交往：给孩子上好‘情商教育’这堂课”“生活：做孩子走向独立的教练员”“备考：和孩子一起进入冲刺阶段”等 5 个章节，从源自真实生活的 44 个生活小故事中折射出教育智慧。

2.《父母的觉醒》(著者:[美]沙法丽·萨巴瑞，译者:王臻;出版单位：上海社会科学院出版社)

本书分为“一个真实的自我”“生育儿女的精神起源”“孩子无须事事征得同意”等17个章节，从心理学角度来探索和观照父母与孩子成长过程中的方方面面，揭示了父母与孩子关系的真相——父母的觉醒与改变，才是教育真正的开始。父母只有安顿好自己的身心，才能帮助孩子成长为一个健全的人。

3.《改变孩子先改变自己——好爸爸贾容韬教子手记》(著者:贾容韬；出版单位：作家出版社)

本书从一位著名家庭教育专家的视角，讲述了作者成为一个好爸爸的心路历程。作者汇集多年教育方法和经验，用亲身经历分享父母如何改变才能教出好孩子，如何走出家庭教育的误区，以及如何培养孩子形成良好的品格。

评估改进

一、自我评估

测测你的生活满意度。

(1)大多数情况下，你的生活接近自己的理想状态。(　　)

①非常不同意　②不同意　③比较不同意
④中立　⑤比较同意　⑥同意
⑦非常同意

(2)你的生活状态很好。(　　)

①非常不同意　②不同意　③比较不同意
④中立　⑤比较同意　⑥同意

⑦非常同意

（3）你对自己的生活感到满意。（　　）

①非常不同意　　②不同意　　③比较不同意

④中立　　⑤比较同意　　⑥同意

⑦非常同意

（4）到目前为止，你已经得到了你认为生活中最重要的事物。（　　）

①非常不同意　　②不同意　　③比较不同意

④中立　　⑤比较同意　　⑥同意

⑦非常同意

（5）如果可以再来一次，你不想改变任何事情。（　　）

①非常不同意　　②不同意　　③比较不同意

④中立　　⑤比较同意　　⑥同意

⑦非常同意

【评估参考】

选择①②③④⑤⑥⑦，依次得 1 分、2 分、3 分、4 分、5 分、6 分、7 分。

总分 31 ～ 35 分：非常满意。你认为你的生活很好，对周围的一切都很满意——工作、休闲、人际关系和健康状况都很好。你也许不认为自己的生活是完美的，但却是非常适合自己的。

总分 26 ～ 30 分：满意。你对生活很满意，经常感到快乐，但是仍希望在某方面取得进步。

总分 21 ～ 25 分：大致满意。你感觉自己的生活较好，同时希望在某些领域取得进步。你认为生活中的一些方面目前还没有达到自己期望的水平，需要改善。

总分 20 分：中等，介于满意与不满意之间。你的生活有好有坏，满意的和需要改善的事情数量基本持平。有些事情并不糟，但也没有期望的那样好。

总分 15 ～ 19 分：基本不满意。你的生活满意度较低，如果你始终处于这个状态，那么应该寻找原因并采取措施，提高生活满意度。其实生活中或多或少都会存在一些令你不快但又无法改变的事情，试着改变自己的期望值，或许会有新的收获。

总分 10～14 分：不满意。你的生活满意度非常低，表明你需要尽快改善生活中的某些方面。可以好好思考如何改善这种状况，必要时可以寻求亲友和心理咨询师的帮助。

总分 10 分以下：极不满意。你的生活满意度极低，亟须改变生活中的某些方面，或者需要通过他人的帮助来改善。不要执拗于某些事情，你需要尽自己的努力来扭转生活现状。

二、改进计划

表 7.3 改进计划表

序号	我的收获	我的改进行动
例	人生不是只有“父母”这一个角色。	1. 在我的社会角色中，“父亲”“母亲”只是其中一部分。除了照顾孩子，我还有自己的社交圈子，还有自己的兴趣爱好。我应该活出让自己满意的人生。 2. 过好我自己的生活，多参加自己喜欢的社交活动，也是在给孩子做出美好生活的示范。
1		
2		
3		

参考文献

[1] 董岩. 高中生职业规划课程教育实践与研究 [D]. 成都：西南交通大学，2011.
[2] 多金，赖斯. 青春期心理学：青少年的成长、发展和面临的问题（原书第 13 版）[M]. 王晓丽，王俊，译. 北京：机械工业出版社，2016.
[3] 雷雳，张雷. 青少年心理发展：第 2 版 [M]. 北京：北京大学出版社，2015.
[4] 林崇德主编. 发展心理学：第 3 版 [M]. 北京：人民教育出版社，2018.
[5] 斯坦伯格. 与青春和解：理解青少年思想行为的心理学指南 [M]. 孙闰松，译. 北京：人民邮电出版社，2019.